Vahle · Das große Vahle-Liederbuch

DOUG PALEO ES AUTOR DE LIBROS DIVERTIDÍSIMOS PARA JÓVENES LECTORES. LA PIEDRA ES SU MATERIAL PREFERIDO PARA GRABAR GUIONES DE NOVELAS GRÁFICAS. DEDICA EL TIEMPO LIBRE A LA PINTURA RUPESTRE, RECOGER BAYAS Y COCINAR EN HOGUERAS.

AARON BLECHA ES UN ARTISTA Y AUTOR QUE DISEÑA DIVERTIDOS PERSONAJES E ILUSTRA LIBROS DE HUMOR. HA TRABAJADO EN VARIAS SERIES POPULARES, COMO *GEORGE BROWN, CLASS CLOWN* O *SHARK SCHOOL*. AARON VIVE CON SU FAMILIA EN LA COSTA SUR DE INGLATERRA. PODÉIS ENCONTRARLE EN MONSTERSQUID.COM

Astronave es un sello de Norma Editorial

DINOMÍTICOS, de Doug Paleo y Aaron Blecha
Título original: *Dinomighty!*
Primera edición: abril de 2021

Doug Paleo por el texto
Aaron Blecha por las ilustraciones

Editorial Astronave
Passeig de Sant Joan, 7 – 08010 Barcelona
Tel.: 93 303 68 20 – Fax: 93 303 68 31
info@editorialastronave.com

Traducción: Albert Vitó
Rotulación: Vanessa Cabrera y Juan Pacheco

ISBN: 978-84-679-4553-9
Depósito legal: B 3884-2021
Impreso en España

Facebook: **EditorialAstronave**
Instagram: **@EditorialAstronave / @Astro.Books**
Twitter: **@EdAstronave**
www.EditorialAstronave.com

Servicio de venta por correo: Tel.: 932 448 125
correo@editorialastronave.com
www.editorialastronave.com/correo

Fredrik Vahle

Das große Vahle-Liederbuch

Lieder und Texte, die Kindern Spaß machen

Beltz Verlag · Weinheim und Basel

Neuausgestattete Sonderausgabe 1994 des Titels
»Vahle: Liederbuch. Lieder und Texte, die Kindern Spaß machen.
Mit Praxisanleitungen.«
Beltz Verlag, Reihe Beltz Praxis, ISBN 3-407-62158-2

Die Deutsche Bibliothek – CIP-Einheitsaufnahme

Vahle, Fredrik:
Das große Vahle-Liederbuch : Lieder und Texte, die Kindern Spaß machen /
Fredrik Vahle. [Zeichn.: Bianca Schaalburg]. – Neuausgestattete Sonderausg. –
Weinheim ; Basel : Beltz, 1994
(Sonderedition Kindergarten)
ISBN 3-407-21007-8

Lektorat: Peter E. Kalb

Herstellung: Klaus Kaltenberg
Druck: Druckhaus Beltz, Hemsbach
Umschlaggestaltung: Atelier Adolf Bachmann, Reischach
Umschlagbild: Barbara Bachmann, Reischach
Zeichnungen: Bianca Schaalburg
Printed in Germany

ISBN 3-407-21007-8

Inhaltsverzeichnis

Guck, die Katze tanzt allein – Lieder zum Spielen und mitmachen

Im Hofe steht ein Pflaumenbaum – Lieder von der Natur

Mamas Freund – Lieder von der Liebe

Porta aperta – Lieder von anderswo

Corre Tamaro, corre . . .
Lieder und Instrumentalstücke aus den Hörspielen Tamaro und Nicht nur Vögel können fliegen

Lieder Zusatztexte

Tamaro:

Nicht nur Vögel können fliegen

Reicher Mann und armer Mann – Lieder aus der Nachdenklichkeit

Der Weihnachtsmann sagt: Bittesehr! – Lieder vom Winter und von Weihnachten

Das Abendwolkenschaf – Schlaf- und Schlummerlieder

Guck die Katze tanzt allein –

Lieder zum Spielen und Mitmachen

Der Katzentatzentanz

Die Klasse sitzt im Kreis, ein Freiwilliger spielt die Katze und tanzt in der Mitte, während alle das Lied singen und dazu mit den Händen klatschen:

Die Katze sucht sich ein Kind aus, das in den Kreis kommt und den Igel spielt:

Dann sagt der Kreis: „ Doch der Igel neigt sich vor, sagt der Katze was ins Ohr“. Danach tanzen die zwei in der Mitte, während die Klasse den Refrain 2 singt (Melodie wie bei Refrain 1):

Und dann tanzen sie zu zwein über Stock und über Stein.

Und dann tanzen sie zu zwein, und dann gingen beide heim.

Bei den folgenden Strophen kommen immer wieder andere Kinder in den Kreis. Zunächst wird immer wieder Refrain 1, dann der entsprechende Vers und abschließend Refrain 2 gesungen wie zuvor.

(2) Refrain 1
Kam der Hase zu der Katze: „Bitte reich mir deine Tatze!"
„Mit dem Hasen tanz ich nicht. Ist mir viel zu zappelig."
Doch der Hase neigt sich vor,
sagt der Katze was ins Ohr.
Refrain 2 (Die Kinder wechseln wieder)

(3) Refrain 1
Kam der Hamster zu der Katze: „Bitte reich mir deine Tatze!"
„Mit dem Hamster tanz ich nicht. Ist mir viel zu pummelig."
Doch der Hamster neigt sich vor,
sagt der Katze was ins Ohr.
Refrain 2 (Die Kinder wechseln wieder)

(4) Refrain 1
Kam der Hofhund zu der Katze: „Bitte reich mir deine Tatze!"
„Mit dem Hofhund tanz ich nicht, denn der bellt so fürchterlich!"
Doch der Hofhund neigt sich vor,
sagt der Katze was ins Ohr.
Refrain 2 (Die Kinder wechseln wieder)

(5) Refrain 1
Kam der Kater zu der Katze. Leckte ihr ganz lieb die Tatze.
Streichelt sie und küßt sie sacht, und schon hat sie mitgemacht.
Und dann tanzen sie zu zwein über Stock und über Stein.
Jede Maus im Mauseloch ruft: Ein Glück, sie tanzen noch.
Refrain 2 (Am Schluß tanzen alle zusammen)

Variationen

Die Kinder können auch ganz andere Strophen dichten, z. B.:
Das Gespenst kam zu der Katze: . . . gruselig.
Kam der Dackel zu der Katze: . . . denn der tanzt so wackelig u. a.
Durch Masken und Kostüme kann das Lied variiert werden.

Wortbildungsübungen

Im folgenden soll eine weitere Form des Umgangs mit einem Lied dargestellt werden, die neben der Wortaneignung und Wortschatzerweiterung auch den Aspekt der Wortbildung einbezieht. Das Struktur- und Bauprinzip sowie das Reimschema der einzelnen Strophen werden hier zur Wortbildung nutzbar gemacht. Jede Strophe ist nach demselben Prinzip aufgebaut:

„Kam der (. . .) zu der Katze:
Bitte reich mit deine Tatze! –
Mit dem (. . .) tanz ich nicht
ist mir viel zu (. . .) -lich (bzw. -ig).“

„ Katze“ reimt sich auf „Tatze“ und „nicht“ auf das im Deutschen gängige Adjektivsuffix „-lich“ oder „-ig“. Es wird also jeweils eine andere Tierfigur eingeführt und dieser dann ein Adjektiv zugeordnet, wobei Adjektive schon aufgrund ihrer morphologischen Gestalt (wenn auch als „unreiner“ Reim) in das vorgegebene Reimschema passen. Deshalb kann das durchgängige Bauprinzip der Strophen auch als produktives Muster benutzt werden: Bastian (5 Jahre) konnte sich nicht mehr genau an den Wortlaut des Liedes erinnern. Ich gab ihm deshalb die einzelnen Tierfiguren vor und er „dichtete“ selbst weiter:

*„Mit dem Hasen tanz ich nicht. Ist mir viel zu hopserlig“**
*„Mit dem Hamster tanz ich nicht. Ist mir viel zu krabbelig“**
*„Mit dem Hofhund tanz ich nicht. Ist mir viel zu beißerig“**

Es ist bekannt, daß Kinder ihren Wortschatz nicht Wort für Wort erweitern, sondern sich bestimmte Wortbildungsregeln aneignen und mit deren Hilfe neue Worte bilden. Aufgrund alternierender Regeln und Ausnahmen werden damit nicht immer korrekte Worte gebildet. In der subjektiven Sicht des Kindes sind es jedoch zunächst *richtige* Worte, denn sie haben eine morphologische Gestalt, eine Bedeutung und eine kommunikative Funktion. Bastian machte hier von dieser Möglichkeit Gebrauch. Er bildete aus Tätigkeitsworten, die er den einzelnen Tieren zuordnete, nach einer bestimmten Regel Adjektive und genügte damit sowohl den semantisch-inhaltlichen als auch den reimklanglichen Erfordernissen der Strophe.
Im weiteren Verlauf ging ich mit meinen Vorgaben über das Lied und den Bereich der Tiere hinaus. Bastian ordnete jetzt die folgenden Adjektive zu:

(* kindersprachliche Neologismen)

„Mit dem Kuchen tanz ich nicht. Ist mir viel zu kleberig."
„Mit dem Putztuch tanz ich nicht. Ist mir viel zu naß."
*„Mit dem Luftballon tanz ich nicht. Ist mir viel zu fliegerig."**
„Mit der Blume tanz ich nicht. Ist mir viel zu grün."

Hier muß berücksichtigt werden, daß es sich um einen spontanen mündlichen Reimdialog handelte und daß Bastian jeweils nur kurze Zeit hatte, um sich das jeweilige Reim-Adjektive zu überlegen. Wohl aus diesem Grunde entscheidet er sich zweimal für ein inhaltlich adäquates, jedoch nicht reimendes Adjektiv. In einer zweiten Klasse wurde der Versuch mit dem Reim-Dialog wiederholt. Diese Kinder hatten Zeit zu überlegen und konnten ihre Vorschläge für neue Strophen *aufschreiben.*
Dabei kamen folgende Zuordnungen zustande:

Käfer	*krabbelig**
Esel	*dusselig (S)*
Schweinchen	*muffelig (S/V)*
Ziege	*meckerig**
Pony	*zottelig*
Nilpferd	*tolpatschig (S)*
Qualle	*schwabbelig*
Henne	*gackerig**
Vogel	*flatterig**

(S Wortbildung aus einem Substantiv)

Während bei Bastian die überwiegende Mehrzahl seiner Adjektive kindersprachliche Adhocbildungen waren, wurden bei den Schulkindern schon mehr konventionelle Adjektive gebraucht, zum Teil aber auch noch kindersprachliche Bildungen (*). Hier wurden auch verschiedentlich Adjektive verwendet, die aus Substantiven abgeleitet waren. Solche Substantive (S) waren schwieriger zu finden, erforderten mehr Abstraktionsfähigkeit und Phantasie als das Auffinden der für die Tiere typischen Tätigkeiten und der entsprechenden Verben. Doch überwiegen letztere auch hier.
Verschiedentlich tauchen bei diesen Kindern andere Baumuster auf:

„Mit der Biene tanz ich nicht, weil sie mich sonst einfach sticht."
„Mit der Schlange tanz ich nicht, weil sie auf dem Boden kriecht."
„Mit dem Pony tanz ich nicht, das ist viel zu groß für mich."
„Mit dem Vogel tanz ich nicht, sagt die Katze da zu sich."

Es gab also auch Alternativen zum Grundbaumuster der Strophen. Sie waren zum Teil syntaktisch und in Hinsicht auf den Reim „korrekter" als die Liedstrophe und die übrigen Reime der Kinder. Damit näherten sie sich jedoch wieder mehr pro-

saisch konventioneller Sprache an, während die übrigen Strophen oft zu unverhofften und originellen Reimworten führten.
Mit der Bildung neuer Strophen lernten die Schüler immer auch etwas über die Wortbildung, in diesem Fall über die Bildung von Adjektiven aus Verben, aus Substantiven und auch aus Adjektiven selbst (z. B. blau – bläulich; gut – gütig u. a.). Dabei spielten der Umlaut sowie die Suffixe „ig“ und „lich“ eine Rolle. Es würde das ganze im schulischen Sinne abrunden, ließe sich hierzu anschließend noch eine stringent formulierbare orthographische Regel finden. Dies ist jedoch nicht möglich, zumal damit notwendigerweise sprachhistorische Erörterungen verbunden werden müßten. – M. E. ist es insgesamt sinnvoller, der Bildung neuer Strophen und Adjektive ihren spielerisch-kreativen Charakter zu lassen und den Schülern nicht durch eine grammatische Nachbereitung den Spaß zu verderben. Damit sollen metasprachliche und grammatische Fragen nicht völlig ausgeblendet werden. Wenn die Schüler von selbst auf solche Fragen stoßen und wenn sie ihre neuen Strophen (z. B. in einem selbstgemachten Bilderbuch) schriftlich fixieren, können grammatische Erörterungen durchaus hilfreich sein.

Das Würmchen

Text: trad./F. Vahle

2. Ne Tante saß auf ihrem Po,
sang die Geschichte so:
Sitzt ein Würmlein
auf dem Türmlein
mit 'nem Schirmlein
unterm Ärmlein.
Kommt ein Stürmlein,
wirft das Würmlein
mit dem Schirmlein
unterm Ärmlein
ssssssssssssssssst
vom Türmlein.

3. Ein Schwabe saß auf seinem Po,
sang die Geschichte so:
Sitzt e Würmle
aufem Türmle
mittem Schirmle
unterm Ärmle.
Kommt e Stürmle,
schmeißt das Würmle
mittem Schirmle
unterm Ärmle
sssssssssssssssssst
vom Türmle.

4. Ein I, das saß auf seinem Po,
sang die Geschichte so:
Sitzt in Wirm
ifim Tirm.
Kimmt in Stirm,
wirft din Wirm

mit dim Schirm
intirm Irm
ssssssssssssssssssst
vim Tirm.

5. Ein Hesse saß auf seinem Po,
sang die Geschichte so:
Sitzt e Wärmsche
uffem Tärmsche
mittem Schärmsche
unnerm Ärmsche.
Kummt e Schtärmsche,
saacht zum Wärmsche:
Ei, ich blos disch gleich
vom Tärmsche!
Naa, sacht das Wärmsche
mittem Schärmsche
unnerm Ärmsche.
Naa, due blost mich
net vom Tärmsche.
Doch, saacht das Schtärmsche
zu dem Wärmsche,
und ich blos dich
doch vom Tärmsche.
Ä, ä, saacht das Wärmsche
mit dem Schärmsche
unnerm Ärmsche,
und du blost mich
net vom Tärmsche!

6. Und das Würmchen
auf dem Türmchen
öffnete ganz schnell
sein Schirmchen.
Und es segelt
auf dem Stürmchen.
ssssssssssssssssssst
fort vom Türmchen.

Was man mit dem Lied machen kann

1. Einen anderen Vokal oder Diphtong in die Wörter des Reims einsetzen

Sitzt in Wirm
ifim Tirm
mittim Schirm
intirm Irm...

Sauzt aun Waurm
aufaum Taurm
mautaum Schaurm
auntaurm Aurm...

2. Andere Personen einführen, die den Reim auf ihre Art singen

ein Opernsänger:
...
Hoho! Hohoooooooo!
Ein Sturm
wirft den Wurm,
Figaro, Figaro,
vom Turm.

ein „Heino“:
...
Lore, Lore, Lore,
ein Sturm
wirft den Wurm,
juppheidi, juppheida,
vom Turm.

3. Handlungsabfolgen erfinden

Sitzt 'ne Maus
drin im Haus,
leckt ein Honigglas aus.
Kommt der Klaus
rein ins Haus,
flitzt die Maus
aus dem Haus,
sssssssst,
raus.

Macht ein Brummer
seinen Schlummer
mitten auf'ner
Autonummer.
Kommt ein Hummer,
summt der Brummer,
sssssssssst,
schleunigst weg
im Abendschummer.

4. Ergänzungstext

1. Vor dem Städtlein
   sitzt ein Zwerglein.
   Hinterm Zwerglein
   steht ein Berglein.
   Aus dem Berglein
   fließt ein Bächlein.
   Auf dem Bächlein schwimmt
   ein Dächlein.

2. Unterm Dächlein ist
   ein Stüblein.
   In dem Stüblein
   sitzt ein Büblein.
   Hinterm Büblein
   steht ein Bänklein.
   Auf dem Bänklein
   ruht ein Schränklein.

3. In dem Schränklein
   steht ein Kästlein.
   In dem Kästlein
   liegt ein Nestlein.

   Vor dem Nestlein
   sitzt ein Kätzlein . . .
   Merken will ich mir
   das Plätzlein.

Erste Kinderworte und der Anfang der Poesie

Sprache und Poesie bilden sich in den frühkindlichen Kommunikationsformen bzw. in der Mutter-Kind-Dyade gemeinsam heran. Die Entstehung der einen ist wechselseitig mit der anderen verbunden. Beide sind verschiedene Qualitäten eines einheitlichen Prozesses. Dies läßt sich in Hinsicht auf einzelne Phänomene der frühkindlichen Kommunikation konkretisieren.
Z. B. in Hinsicht auf erste metaphorische Prozesse:

Jean Paul sagt einmal:
„Wie im Schreiben Bilderschrift früher war als Buchstabenschrift, so war im Sprechen die Metapher, insofern sie Verhältnisse und nicht Gegenstände bezeichnet, das frühere Wort, welches sich erst allmählich zum eigentlichen Ausdruck entfärben mußte. Das tropische Beseelen und Beleiben fiel noch in eins zusammen, weil noch Ich und Welt verschmolz. Daher ist jede Sprache in Rücksicht geistiger Beziehungen ein Wörterbuch erblaßter Metaphern" (nach F. Mauthner, 1912, S. 456).
Müßten dann nicht auch schon die ersten Worte des Menschen bzw. Kindes etwas Metaphorisches haben? Diese Fragestellung bezieht der Sprachphilosoph Fritz Mauthner bereits auf die gestisch-darstellende Funktion bestimmer *Laute*. Er geht davon aus, daß man Begriffe wie „groß" und „klein" in ganz unterschiedlichen Sprachgemeinschaften durch gleiche Gebärden mit Armen und Händen darstellen kann und fragt:

„Wie nun, wenn auch der ganze Stimmapparat sich gern an der Gestikulation beteiligte? Wie, wenn Stimmritze und Mund sich eng zusammenschlössen, also „i" sagte, um einen kleinen *Raum nachzuahmen*, Stimmritze und Mund sich öffnete, „o" machte, um großen Raum nachzuahmen? Wie, wenn das bereits eine Metapher wäre? Wenn dann der Laut vom Raum auf die Zeit, auf Farben usw. übertragen würde?" (F. Mauthner, 1912, S. 452).

In ersten Kinderworten ist häufig Lautmalerei (Onomatopöie) enthalten, wie sie in der Poesie für Kinder später häufig vorkommt. Gleichzeitig finden wir in ihnen einen noch unkonventionellen, natürlich-organischen Gebrauch von Lauten, Elemente einer „natürlichen Ausdruckssprache“, nach der sich insbesondere die romantische Poesie zurückgesehnt hat. Erste Kinderworte sind außerdem ein Beispiel für anfängliche Sprachrhythmen, für allererste Reimformen und ihr Gebrauch enthält auch bestimmte Momente von Sprachmagie.
Die ersten Worte des Kindes enthalten sowohl allgemein-sprachliche als auch poetische Komponenten. Erst später werden diese dann in bestimmten Gebrauchsarten der Sprache separat weiterentwickelt. Auf der einen Seite die prosaische realitätsbezogene Sprache, auf der anderen Seite die Sublimierung des Realitätsbezuges und die Inanspruchnahme der Möglichkeit zur fiktiven Darstellung in der Sprache der Poesie.

Der Hühnerhof

Text: trad.

2. Das Huhn scharrt herum auf dem Hühnerhof
und denkt sich, der Hahn ist schön bunt, doch doof.
Und das Huhn hör ich kakeln: . . . .
und der Hahn auf dem Mist, der macht:
Kokidudeldu . . . .

3. Die Ente, die watschelt am Mist vorbei
und sagt sich: Der Kerl legt nicht mal ein Ei.
Und die Ente, die hör ich: . . . .
und das Huhn hör ich kakeln: . . . .
und der Hahn auf dem Mist, der macht:
Kokidudeldu . . . .

4. Die Katze, die guckt aus dem Kellerloch
und ruft: Ihr vertreibt mir die Mäuse noch.
Und die Katze, die hör ich: . . . . . .
und die Ente, die hör ich: . . . . . .
und das Huhn hör ich kakeln: . . . . .
und der Hahn auf dem Mist, der macht:
Kokidudeldu . . . .

5. Der Hund, der nagt grad einen Knochen ab,
den hat er der Bauersfrau weggeschnappt.
Und den Hund hör ich bellen: . . . . . .
und die Katze, die hör ich: . . . . . .
und die Ente, die hör ich: . . . . . .
und das Huhn hör ich kakeln: . . . . . .
und der Hahn auf dem Mist, der macht:
Kokidudeldu . . . .

6. Herrje, wie das Schwein wieder grunzt und quiekt,
als hätte ihm wer in den Po gepiekt.
Und das Schwein hör ich grunzen: . . . . .
und den Hund hör ich bellen: . . . . . .
und die Katze, die hör ich: . . . . . .
und die Ente, die hör ich: . . . . . .
und das Huhn hör ich kakeln: . . . . . .
und der Hahn auf dem Mist, der macht:
Kokidudeldu . . . .

7. Der Goldfisch, der schwimmt im Aquarium,
den ganzen Tag nur im Kreis herum.
Und der Goldfisch, der schwimmt und macht: . . . . .
und das Schwein hör ich grunzen: . . . . .
und den Hund hör ich bellen: . . . . .
und die Katze, die hör ich: . . . . .
und die Ente, die hör ich: . . . . .
und das Huhn hör ich kakeln: . . . . .
und der Hahn auf dem Mist, der macht:
Kokidudeldu . . . .

8. Der Bauer, der ruht sich vor'm Fernseh'n aus,
er hat soviel Arbeit tagein, tagaus
und schon schläft er ein und macht: . . . .
Und im Traum hört er die Tiere alle
ganz, ganz leise:
Und den Goldfisch, den hört er: . . . . .
und das Schwein hört er grunzen: . . . . .
und den Hund hört er bellen: . . . . .
und die Katze, die hört er: . . . . .
und die Ente, die hört er: . . . . .
und das Huhn hört er kakeln: . . . . .
und der Hahn auf dem Mist, der macht:
Kokidudeldu . . . .
gesprochen:

9. Und eines Nachts, da kam ein schlauer Igel.
Der hat jedem Tier eine Fremdsprache beigebracht.
Und dann klang das Lied so: *)
Und den Goldfisch, den hör ich: . . . . .
und das Schwein hör ich grunzen: . . . . .
und die Katze, die hör ich: . . . . .
und die Ente, die hör ich: . . . . .
und das Huhn hör ich kakeln: . . . . .
und den Hahn hör ich singen: . . . . .
und der Bauer vor'm Fernseh'n macht:
Kokidudel di
du-del-di-du-del-di-du-del-di-du.

Das Hühnerhoflied läßt sich besonders gut mit verteilten Rollen singen. Jeder von euch übernimmt eine Tierstimme. Wenn ihr nur wenige seid, dann übernimmt einer zwei oder drei

*) Jetzt fängt der Goldfisch an zu bellen, das Schwein fängt an zu kakeln usw.

Stimmen. – Wer nach diesem langen Lied noch weitersingen möchte, kann für den Hühnerhof ja noch andere Geräusche dazuerfinden. Schließlich gibt es ja noch Schafe, Pferde, Kühe, eine Bäuerin, einen Traktor, eine Stubenfliege und noch ’ne Menge anderer Wesen.

Omnibuslied

Musik: W. Guthrie

2. Der Fahrer kommt:
   Guten Tag Herr Schulz!
   Der Fahrer kommt:
   Grüß Gott, Herr Schulz!
   Der Fahrer kommt:
   Wie geht’s Herr Schulz!
   Wir fahr’n heut alle fort.

3. Den Motor an: Brrrm, Brrrm.
   Den Motor an: Brrrm, Brrrm.
   Den Motor an: Brrrm, Brrrm.
   Wir fahr’n heut alle fort.

4. Die Hupe geht: Düüt, Düüt.
   die Hupe geht: Düüt, Düüt.
   Die Hupe geht: Düüt, Düüt.
   Wir fahr’n heut alle fort.

5. Jetzt fahr’n wir immer schneller.
   Jetzt fahr’n wir immer schneller.
   Jetzt fahr’n wir immer schneller.
   Wir fahr’n heut alle fort.

6. Brrrm, Brrrm, Brrrm, Brrrm.
   Brrrm, Brrrm, Brrrm, Brrrm.
   Brrrm, Brrrm, Brrrm, Brrrm.
   Wir fahr’n heut alle fort.

7. Der Fahrer ruft: „Der Kühler kocht!“
   Der Fahrer ruft: „Der Kühler kocht!“
   Der Fahrer ruft: „Der Kühler kocht!“
   Wir fahren viel zu schnell.

Aus dem Schnellen Tempo allmählich in ein langsameres übergehen:

Dann fahr'n wir eben langsamer.
Dann fahr'n wir eben langsamer.
Dann fahr'n wir eben langsamer.
Und halten endlich an.

Der Heini ruft: Pinkelpause!
Der Heini ruft: Pinkelpause!
Der Heini ruft: Pinkelpause!
Wir steigen aus dem Bus.

Eine einfache Art, wie die Melodie des Omnibusliedes zu lernen ist, sie einfach zu brummen wie ein Motorengeräusch: Brrrm Brrrm usw. Bei diesem Lied lassen sich noch eine Menge neuer Strophen ausdenken. Überlegt mal, wie viele verschiedene Teile an einem Auto dran sind, die alle Krach machen: Die Stoßstange klappert! – Der Reifen hat ein Loch! – Eine Schraube fällt ab! usw.

Anmerkungen zum Umgang mit dem Omnibuslied

Die Stereotypie der Strophen und die damit verbundene textliche Redunanz fällt besonders im Mittelteil auf. Die Omnibusfahrt wird in ständigen formelhaften Wiederholungen erzählt. Im Mittelteil unterscheiden sich die Strophen nur durch ein einziges Wort. Wer dieses Wort kennt, kann bereits die neue Strophe singen. Daß das Lied nicht an seiner eigenen Monotonie erstickt und nicht nur Klein- und Vorschulkindern, sondern auch Kindern bis zu zehn Jahren gefällt, hat verschiedene Gründe:

a) Es behandelt, wenn auch in einfacher Form, ein Thema, das Kinder interessiert und das ihrem eigenen Erfahrungsbereich angehört (Omnibus – Auto – Technik).
b) Es enthält einen vitalisierten Text, d. h. es werden nicht nur Worte, sondern auch Geräusche und Bewegungen erzeugt, die auch für Sprachanfänger schnelle Verständnishilfen bieten.
c) Das Lied ist insgesamt stark rhythmisch geprägt. Die Dominanz und Anziehungskraft des Rhythmus läßt die Redunanz im Text sowie die fehlende sprachliche Originalität nicht auffällig werden. Der Rhythmus des Liedes hat auch darstellerische Funktion. Er schafft eine Beziehung zur Dynamik und „Rhythmik“ des Autofahrens, was wiederum Kinder (traditionellerweise Jungen) fasziniert.
d) Der vierte Grund spielt gerade beim mündlichen Vortrag des Liedes eine ausschlaggebende Rolle. Es geht hier nicht darum, sprachlich-kreativen Umgang mit einem fertigen Text zu praktizieren. Der vollständige Text entsteht jeweils erst beim Singen und durch den Dialog zwischen Vorsänger und Kindern. Diese beteiligen sich aktiv an der Textgestaltung, was das Lied für sie besonders interessant macht. Je nach Interesse der Kinder kann das Lied, drei, vier aber auch bis zu zwanzig Minuten lang werden.

Das Lied wird also in stärkerem Maße als die bisher behandelten Beispiellieder als offene Form gebraucht. D. h., daß keine „Performance“ des Liedes der anderen gleich ist. Die offene Form bietet für den Vorsänger die Möglichkeit, die spezifische Situation in der Kindergruppe („Stimmung“, Spiel- und Lernbedürfnis, sprachliche Fähigkeiten u. a.) in besonderer Weise zu berücksichtigen. Für die Kinder ist es wiederum eine Möglichkeit nicht nur mitzusingen, sondern ihre Vorstellungen ins Lied einzubringen.
Durch die nachfolgende mehrmalige Wiederholung des Wortes in rhythmisch-melodischer Gestaltung konnten sich die Kinder das Wort in der Handlungskonstellation des Liedes einprägen. Die Worte, die die Kinder nannten, stammten ausschließlich aus ihrem Alltag, ihrer Erfahrungswelt. (Der Bus sollte nach „Frankfurt“ oder „Gießen“ fahren. Der Fahrer sollte „Herr Eichel“ bzw. „Herr Felix“ sein. – Ein Teil der Kinder wurde mit einem Kleinbus (Fa. Achim Eichel) zur Schule gebracht.). Entsprechend real waren dann auch die Orte, die die Kinder als Durchfahrtsorte für die Busfahrt nannten: „Lang-Göns“, „Offenbach“, „Berlin“. Orte mit umsetzbaren Namen konnten sie zunächst nicht nennen. Sie riefen mir immer wieder reale Ortsnamen zu und sangen dann die „neuen“ Strophen mit. Deshalb schlug ich selber ein umsetzbares Verb vor und machte die entsprechenden Bewegungen dazu, z. B. „wackeln“, „trampeln“ und „winken“. Dann bildete ich aus diesen Verben Ortsnamen („Wackelstedt“, „Trampelheim“, „Winkingen“) und sagte die neuen Ortsnamen vor den Strophen an, sang sie dann und machte beim Singen die Bewegungen zu dem neuen Wort. Aufgrund dieser *Methode der wiederholten und vielfältigen Darbietung* konnten die Kinder die neuen Begriffe und Strophen verstehen und in eigene Bewegungen umsetzen.
Die Kinder fingen dann auch an, selber Vorschläge zu machen, die aber zunächst schon vorhandene Neubildungen wiederholten. Dann kamen von den Kindern auch eigene Vorschläge, und zwar drei in relativ kurzer Zeit. Erwartungsgemäß waren auch diese keine abgehobenen Phantasienamen, sondern solche aus der alltäglichen Erfahrenswelt der Kinder. Die neuen Ortsnamen, die jetzt genannt wurden, waren „Hustendorf“, „Massierstadt“ und „Werkstadt“. – Ich hatte zunächst gar keine eigenen Vorschläge der Kinder erwartet. Bei ihren eigenen Vorschlägen machten sie die Bewegungen jedoch besonders begeistert mit und wiederholten auch die Worte immer wieder. Die „Werkstatt“ (in der Schule gibt es eine solche für handwerkliche Arbeiten) hatten sie sich als Endstation für die Busfahrt gedacht. Sie entdeckten dann noch, daß sie ihre eigenen Namen in das Lied einsetzen konnten und sangen eine neue Strophe mit dem Text: „Der Bernd; geht in die Werkstatt“ und nach diesem Muster noch vier andere Strophen. Dann wollten sie von mir ein anderes Lied hören.

Das Reisespiel

Eine Fahrt von Hüpfenstein nach Kuckuckshausen

Wenn ihr mehrere seid, könnt ihr mit dem Omnibuslied richtig auf „Reisen gehn“: Ihr, die Reisegesellschaft setzt euch hintereinander auf eine lange Bank oder, wenn gerade keine da ist, in Zweierreihen auf den Fußboden. Dann überlegt euch, wohin der Omnibus fahren soll, z. B. nach:

BUXTEHUDE

HONOLULU

KLEINKLECKERSDORF

POSEMUCKEL

Ganz vorne sitzt einer, der ist der Fahrer. Sucht für ihn einen neuen Namen und Tüt! Tüt! . . . ab geht der Bus.

Heut fahren wir nach Hüpfenstein.
Heut fahren wir nach Hüpfenstein.
Heut fahren wir nach Hüpfenstein.
Nach Hü - Ha Hüpfenstein.

Auf der Fahrt nach Hüpfenstein wird natürlich kräftig gehüpft, so als ob der Bus über Hoppelpflaster und durch Schlaglöcher fahren würde, aber nicht lange, denn dann heißt es:

Dann fahr’n wir weiter zum Schreiberg.
Dann fahr’n wir weiter zum Schreiberg.
Dann fahr’n wir weiter zum Schreiberg.
Da wird es furchtbar laut.

Beim Schreien solltet ihr noch eure Kräfte schonen, schließlich geht die Reise noch nach Hustingen, Schwitzstadt, Knuffingen, Boxheim, Bad Küssingen, Wackelhofen und noch durch eine Reihe anderer Ortschaften, die ihr euch hoffentlich selber ausdenken werdet.

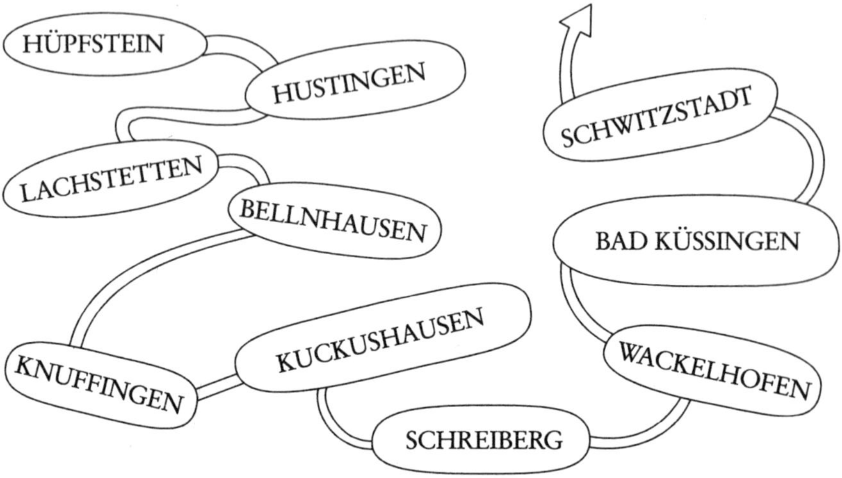

Man kann auch Namen in einer ganz bestimmten Reihenfolge nehmen, z. B.:

Kitzelstadt Kneifingen Boxheim Heulingen Streichelstadt

Und am Schluß fallen euch sicher auch noch andere Worte ein, die man nach einer solchen Omnibusfahrt rufen kann . . .

Von Lang-Göns nach Massierstadt – Das Omnibuslied in einer Gruppe von behinderten Kindern

In dieser Gruppe versuchte ich im Unterschied zur vorherigen die Situation mehr zu strukturieren. Es handelte sich um eine Gruppe von „praktisch-bildbaren" Kindern mit sehr unterschiedlichen Behinderungen. Die Mehrzahl dieser Kinder hatte die sprachlichen Fähigkeiten von zwei- bis dreijährigen nichtbehinderten Kindern, war aber körperlich schon viel weiter entwickelt (Alter bis zu 12 Jahren). Es kam hier darauf an, die Kinder mit dem Lied überhaupt anzusprechen und in einen Dialog mit ihnen zu kommen. Weiterhin sollte versucht werden, bestimmte Worte, Wortbedeutungen und Handlungen bewußt, d. h. vorstellbar, faßbar und merkbar zu machen. Es sollte eine Kommunikationsform gefunden werden, an der die Kinder – soweit überhaupt möglich – als Verstehende und Handelnde teilnehmen konnten.
Erste Erfahrungen in diesem Bereich hatte ich bereits mit praktisch-bildbaren Kindern im Kindergarten gemacht, und ich wußte, daß die musikalisch-rhythmische Komponente bei der Wortaneignung eine wichtige Rolle spielt. (Vgl. 4.2.4) Ich versuchte also durch eine Frage („Wie macht der Omnibus?"), die Kinder in Hinsicht auf diese Komponente zu aktivieren. Die von den Kindern geäußerten Lautnachah-

mungen wurden von mir in den Rhythmus und die Melodie des Liedes einbezogen. Veränderungen von Lautstärke und Tempo wurden jeweils sprachlich benannt. So wurden dann z. B. die Geräusche von einem *großen* Omnibus, einem *kleinen* Auto, einem *langsamen* Auto und einem *schnellen* Auto nachgeahmt. Dann versuchte ich auch im Gesang zur sprachlichen Ebene überzugehen. Ich sang die Melodie zunächst auf „la la“ und dann den Text. Vor den folgenden Strophen stellte ich jeweils eine Frage, die sich auf das neue Wort in der Strophe bezog („Wohin soll der Omnibus fahren?“ – „Wie soll der Fahrer heißen?“ –„Wie macht der Motor?“ – „Wie die Hupe?“).

Guck doch mal was sitzt da

Text: F. Vahle, Musik: trad.

Cua, cua,
guck doch mal, was sitzt da?
Cua, cua,
da, wo grad der Fritz war,
cua, cua,
was mag das wohl sein?
cua, cua,
es macht sich ganz klein,
cua, cua,
jetzt tut es sich recken,
cua, cua,
jetzt tut es sich strecken,
cua, cua,
jetzt geht es im Kreise,
cua, cua,
immer ganz ganz leise,
cua, cua,
auf den Zehenspitzen,
cua, cua,
dann wills plötzlich sitzen,
cua, cua,
tut die Arme heben,
cua, cua,
fängt fast an zu schweben,
cua, cua,
jetzt hüpfts in die Höhe,
cua, cua,
wie ein Sack voll Flöhe,
cua, cua,
jetzt macht es man glaubt es kaum,
cua, cua,
einen schönen Purzelbaum.
Cua, cua,
guck doch mal, was sitzt da?
Cua, cua,
da wo gra der Fritz war?
Cua, cua,
klatschen in die Hände,
cua, cua,
ist das Lied zu Ende.

Anne Kaffeekanne

Musik: F. Vahle/trad.

2. Da kam sie in die Wüste
und was war denn da?
Ein riesengroße Löwe,
der hungrig war.
Und da sprach er:
Ich mag dich sehr.
Ich habe dich zum Fressen gern.
Komm doch ein Stückchen näher!
Ref.

3. Da kam sie an den Nordpol
und was war denn da?
Da riefen alle Eskimos:
Wie wunderbar!
Der Häuptling sprach:
Gemach, gemach!
Die Anne kocht uns Lebertran
an jedem Tag.
Da flog sie . . .

4. Das kam sie in den Schwarzwald
und was war denn da?
Da sprach ein Oberförster
in strohblondem Haar:
Du bist genau
die richtige Frau.
Du bringst mir die Pantoffeln
für die Tagesschau.
Da flog sie . . .

5. Sie kam nach Wanne-Eickel
und was war denn da?
Der kleine Heini Heinemann,
der traurig war.
Er sprach zu ihr:
Ich flieg mit dir.
Nimm diese Kaffeekanne
als Geschenk von mir.
Dann flogen sie . . .

Trompete spielen meist nur Männer. Aber in diesem Lied will auch ein Mädchen Trompete spielen und sie heißt Anne Kaffeekanne. Anne Kaffeekanne fliegt in ganz verschiedene Gegenden. Bevor die jeweilige Strophe anfängt, können an die Kinder Fragen gestellt werden, z. B.: Was gibt es am Nordpol, in der Wüste, in den Alpen, im Schwarzwald? Dadurch wird die Phantasie der Kinder angeregt, und sie werden gleichzeitig auf die nächste Strophe vorbereitet. – Eine Kinderantwort auf die Frage, was gibt es in der Wüste war: Ganz viele Wüstlinge! – Na also!

Spielanleitung:

Die Klasse steht im Kreis. Ein Kind spielt die Anne, die mit der Kanne während der ersten Strophe um den Kreis herumläuft und diese vor einen Mitschüler stellt, der in der letzten Strophe „Hansi Heinemann" spielt. In den weiteren Strophen stellen entweder alle Schüler oder vorher bestimmte Gruppen die gesungenen Szenen pantomimisch dar.

Spanischer Text: *El Patio de mi casa* (ein spanisches Volkslied, dessen Text wenig Sinn gibt)

El patio de mi casa
es particular.
Cuando llueve se moja
como los demas
Agachate!
Y vuelvete agachar
Que las agachaditas
no saben bailar!
Hache, i, jota, ka, ele, eye, eme,
que si tu no me quieres –
otro amante me querra.
(Wdh. der letzten 3 Zeilen)

Übersetzung:
Der Hof von meinem Haus
ist eigenartig.
Wenn es regnet, wird er naß,
genau wie alle anderen auch.
Duck dich!
Und duck dich noch einmal,
Denn die Geduckten
können nicht tanzen.
H, T, J, K, L, M, A,
wenn du mich nicht liebst,
wird mich ein anderer lieben.

(Aus: J. Naegele/ D. Haarmann: Darf ich mitspielen? Weinheim, 1986

Wem gibt der Elefant die Hand?

Ein Kind wird als Elefant ausgewählt. Es verläßt kurz den Raum, während die Tierrollen des Liedes verteilt werden. Wieder im Klassenraum, singen alle das Lied, und der Elefant läuft im Kreis herum.
Nach den ersten zwei Zeilen des Liedes von F. Vahle (Platte: „Anne Kaffeekanne“, Pläne) fangen die Kinder im Kreis an, die Laute und Bewegungen „ihres“ Tieres nachzumachen. Jetzt muß der „Elefant“ herausfinden, welches Kind das „Krokodil“ ist. Hat er es gefnden, tanzen sie zu zweit weiter. Dann suchen Elefant und Krokodil das nächste Tier, bis alle Tiere dabei sind. Am Schluß machen dann alle Kinder mit, die im Raum sind.

(Aus: J. Naegele/ D. Haarmann: Darf ich mitspielen? Weinheim, 1986

2. Das Nilpferd tanzt. Es dröhnt und kracht.
Schon hat der Tiger mitgemacht.
Der Tiger tanzt auf einem Bein
und gibt die Hand dem Borstenschwein.

3. Das quiekt und grunzt und ist vergnügt,
weil es der Affe weiterzieht.
„Komm, mach mit, es ist nicht schwer!“
sagt der Affe zu dem Bär.

4. Und der greift mit der Bärenpratze
nach der weichen Panthertatze.
Der Panther kommt fast aus dem Takt,
als ihn von rechts der Esel packt.

5. Der Esel springt. Es wippt sein Schwanz.
Der Fuchs schleicht ran und guckt und tanzt.
Zusammen rum und kunterbunt!
Der Fuchs gibt seine Hand dem Hund.

6. Doch jemand fehlt bestimmt noch hier.
Wem gibt der Hund die Hand? –
Na, dir!

Varianten

Die Kinder können selbst neue Strophen erfinden, wie z. B.

Das Gummiband kommt angerannt
und gibt dem Bügelbrett die Hand.
Das tanzt und wackelt mit dem Bauch
und sagt zum Nachttopf: „Komm, tanz auch.“

Pinguin-Lied

2. Zwei kleine Pinguine
laufen übers Eis.
Pitsch, patsch, Pinguin,
sie watscheln schon im Kreis.
Und der Nordwind weht
übers weite Meer.
Pitsch, patsch, Pinguin,
da frieren sie aber sehr.
Und jeder sucht sich einen
andern Pinguin.
Pitsch, patsch, Pinguin,
sie kitzeln sich am Kinn.

3. Vier (acht, sechzehn . . .) kleine Pinguine
(usw.)

Letzte Strophe:
Horch, wer brummt denn da,
das muß der Eisbär sein,
und sie ducken sich
und machen sich ganz klein.
Und der Eisbär tappt
schon heran, o Schreck!
Pitsch, patsch, Pinguin,
da watscheln alle weg.

Spielanleitung:

Die Kinder stehen im Kreis. Ein Kind in der Mitte stellt den Pinguin dar, während der Kreis das Lied von F. Vahle (Platte: Anne Kaffeekanne, Pläne) singt. Beim „Pitsch-Patsch-Pinguin“ klatschen sich immer zwei Nachbarn im Kreis gegenseitig auf die Hände: Erst klatscht jeder in seine Hände, dann gegen die rechte, anschließend gegen die linke Hand des Partners, und zum Schluß wieder in seine eigenen Hände. Bei „Und er sucht sich . . . “ bleibt der Pinguin vor einem Kind stehen, beide kitzeln sich am Kinn und tanzen in die Kreismitte. Dann „watscheln“ die beiden Pinguine hintereinander (Strophe 2), bei „Und wenn der Nordwind weht“ können die beiden Windgeräusche machen. In den folgenden Strophen verdoppeln sich die Pinguine jeweils (4, 8, 16). Die Kinder, die jetzt noch im Kreis stehen, werden alle Eisbären, die die Pinguine vertreiben (Zitatangabe, S. 31).

Lied vom Wecken

Musik: F. Vahle/trad.

2. Wenn ich zum Markt geh', dann kauf' ich dir ein Glöckchen,
und das soll dich jeden Morgen wecken.
Und das Glöckchen macht:
Dinnnng, donnnng.
Und das Hähnchen macht: Kikerikiki,
jeden Morgen schon ganz früh.

3. Wenn ich zum Markt geh', dann kauf' ich dir ein' Wecker,
und der soll dich jeden Morgen wecken.
Und der Wecker macht:
Drrrrrrn, drrrrrrn.
Und das Glöckchen macht:
Dinnnng, donnnng.
Und das Hähnchen macht: Kikerikiki,
jeden Morgen schon ganz früh.

4. Wenn ich zum Markt geh', dann kauf' ich dir 'ne Kuckucksuhr,
und die soll dich jeden Morgen wecken.
Und die Kuckucksuhr macht:
Kuckuck, kuckuck.
Und der Wecker macht: Drrrrn, drrrrn.
Und das Glöckchen macht:
Dinnnng, donnnng.
Und das Hähnchen macht; Kikerikiki,
jeden Morgen schon ganz früh.

5. Wenn ich zum Markt geh', dann kauf' ich dir ein Schäfchen,
und das soll dich jeden Morgen wecken.
Und das Schäfchen macht: Mäh, mäh.
Und die Kuckucksuhr macht:
Kuckuck, kuckuck.
Und der Wecker macht: Drrrrn, drrrrn.
Und das Glöckchen macht:
Dinnnng, donnnng.
Und das Hähnchen macht: Kikerikiki,
jeden Morgen schon ganz früh.

6. Wenn ich zum Markt geh', dann kauf' ich
dir ein Radio,
und das soll dich jeden Morgen wecken.
Und das Radio macht: Bla, bla, dulijöh,
dulijöh!
Und das Schäfchen macht: Mäh, mäh.
Und die Kuckucksuhr macht:
Kuckuck, kuckuck.
Und der Wecker macht: Drrrrn, drrrrn.
Und das Glöckchen macht:
Dinnnng, donnnng.
Und das Hähnchen macht: Kikerikiki,
jeden Morgen schon ganz früh.

7. Doch, ach herjeh, ich hab kein Geld
einstecken
und komm' vom Markt und muß dich
alleine wecken.
Ich mach: Bla, bla, bla, dulijöh, dulijöh!
Ich mach: Mäh, mäh! Ich mach:
Kuckuck, kuckuck!
Ich mach: Drrrrn, drrrrn! Ich mach
Dinnnng, donnnng!
Und am Schluß mach ich: Kikerikiki,
diesen Morgen schon ganz früh.

Griechischer Text (Lautschrift):
Otan tha pao kira mu sto pasari
tha su agorasso ena kokaraki
to kokoraki kikerikiki
tha sse xipnai kathe proi.
. . .
. . . mia kotula
i kotula ko ko ko
to kokoraki kikerikiki
tha sse xipnai kathe proi.

. . .
. . . mia gatula
i gatula niau, niau
i kotula kokoko
to kokoraki kikerikiki
tha sse xipnai kathe proi.

. . .
. . . ena skilaki
to skilaki gau, gau
i gatula niau, niau
i kotula ko ko ko
to kokoraki kikerikiki
tha sse xipnai kathe proi.

. . .
. . . ena prowataki
to prowataki be, be,
to skilaki gau, gau
i gatula niau, niau
i kotula ko, ko, ko
to kokoraki kikerikiki
tha sse xipnai kathe proi.

Übersetzung

Wenn ich zum Markt gehe, meine Frau,
werde ich dir ein Hähnchen,
eine kleine Henne,
ein Kätzchen
ein Hündchen
ein Schäfchen kaufen,
das dich jeden Morgen weckt.

Zu diesem Lied lassen sich sehr leicht neue Strophen machen. Man kann z. B. noch eine Trompete, ein Auto, eine Katze, eine Waschmaschine, einen Tiger oder sonst noch was kaufen. Die werden dann in die Strophe eingesetzt, und die Geräusche dazu fallen euch sicher auch ein.

Und so kann man das Lied auch spielen:

Alle sitzen im Kreis und machen die dem Text entsprechenden Bewegungen. Ein Kind stellt den Schläfer in der Mitte dar, und jeweils andere Schüler spielen in jeder Strophe die entsprechenden Inhalte. In jeder Strophe werden alle vorangegangenen Geräusche wiederholt.

Der Hase Augustin

Musik: M. Theodorakis

Das Lied läßt sich sehr gut szenisch darstellen. Drei Schüler spielen die Rollen vom Hasen, Gärtner und Herrn Schlamm, der Rest bildet einen Kreis und singt das Lied von Fredrik Vahle (Platte: Die Rübe, Pläne).

2. Augustin, der flitzte,
sprang über manche Pfütze
und aß gern Rosenkohl.
Doch kam der Förster angerannt,
schon war der schnelle Hase weg.
Der Gärtner stand im Rosenkohl
und staunte gar nicht schlecht:
Dreimal Sapperment,
dreimal Sapperment!
Das ist wohl der Augustin,
das Naturtalent.

3. Einmal kam ein Jäger,
ein dicker, fetter Jäger,
Herr Schlamm aus Düsseldorf.
Der hatte sich 'ne Jagd gekauft
und wollte jetzt auf Hasen geh'n.
Da kommt schon einer angerannt,
Herr Schlamm hat ihn erkannt:
Dreimal Sapperment,
dreimal Sapperment!
Das ist wohl der Augustin,
das Naturtalent.

4. Herr Schlamm nahm seine Flinte,
die knallte los und stank.
Schon flitzt der Hase weg,
die Kugel hinterher.
Doch der Hase war zu schnell,
die Kugel fiel in'n Dreck,
und Herr Schlamm, der schimpfte sehr:
Dreimal Sapperment,
dreimal Sapperment!
Das ist wohl der Augustin,
das Naturtalent.

5. Augustin war stolz,
er trug die Nase hoch
und einen Orden auch.
Er wurde Landesmeister gar
im großen Zickzackdauerlauf,
und bei der Ehrenrunde
sangen alle Mann ganz laut:
Seht mal, wer da rennt,
seht mal, wer da rennt!
Das ist wohl der Augustin,
das Naturtalent.

Darstellungsvorschläge

In der ersten Strophe läuft der Hase von außen im Zickzacklauf in den Kreis.

In der zweiten Strophe knabbert der Hase am Kohl (Tip: Zerknülltes Zeitungspapier)

In der dritten Strophe läuft der Hase außen am Kreis entlang und wird von Herrn Schlamm, der im Kreis ist, entdeckt. (Tip: Gewehr = Besenstiel)

In Strophe vier steht der Jäger auf dem Hochsitz (ein Stuhl) und zielt auf den Hasen, der im Zickzack durch den Kreis läuft.

In Strophe fünf läuft der Hase innerhalb des Kreises eine Ehrenrunde und springt auf die Ehrentribüne (Stuhl).

In der letzten Strophe klatschen alle Kinder im Kreis und laufen links herum, der Hase innerhalb des Kreises rechts herum.

(Aus: J. Naegele/D. Haarmann: Darf ich mitspielen? Weinheim, 1986)

Hase und Igel

Musik: M. Theodorakis

2. Einmal traf der Augustin
den Igel auf dem Feld,
der trippelt grad nach Haus.
Der Hase lacht den Igel aus,
was der für krumme Beine hätt
und daß er nur im Dreck rumwühlt.
Der Igel ruft zurück:
Augustin, ich wett,
Augustin, ich wett,
mit meinen krummen Beinen
lauf ich deinesgleichen weg.

3. Augustin der lachte:
Gut, die Wette gilt.
Der Igel lief nach Haus
und holte seine Igelfrau,
versteckte sie am Ackerrand,
denn die sah ganz genauso
wie ihr Igelgatte aus.
Durch die Furchen gings,
durch die Furchen gings.
Augustin der flitzte los,
guckt nicht rechts noch links.

4. Der Igel blieb zurück,
er lief drei Schritte nur,
dann duckte er sich schnell.
Der Hase lief zum andern End,
doch da saß schon die Igelfrau
und sagte unserm Augustin:
Grüß Gott, ich bin schon hier.
Dreimal Sapperment,
dreimal Sapperment,
schimpfte da der Augustin,
das Naturtalent.

5. Augustin, der hetzte
den Acker auf und ab,
dann konnte er nicht mehr.
Er japste wie ein Hühnerhund
und fiel dann aus der Furche raus.
Die Igel trippelten nach Haus
und riefen freudig aus:
Ui, was sind wir schnell,
ui, was sind wir schnell,
schneller als der Omnibus
nach Mariazell.

6. Die Igel waren schlau,
sie hielten fest zusammen
und sprachen sich gut ab.
So kriegten sie den Hasen dran,
der sonst so blitzschnell laufen kann.
Was ham die Igel laut gelacht:
Das ham wir gut gemacht.
Ui, was sind wir schnell,
ui, was sind wir schnell,
schneller als der Omnibus
nach Mariazell.

Schon früher, wenn die Leute das Märchen vom Hasen und Igel erzählten, dachten sie nicht nur an den Hasen und an den Igel. Die Igel stelltem sie sich als arme, aber schlaue Bauern und den Hasen als hochnäsigen, reichen Bürgersmann vor.

Ritter Klipp von Klapperbach

2. Und seine Frau Mathilde,
die hatte keine Ruh,
denn um die Burg da klapperts,
da klapperts immerzu.
Sie rief: Klipp, komm zum Essen,
heut gibt es Speck mit Kraut,
doch Klipp hat nichts verstanden,
er klapperte zu laut.
Refrain: Klapper, klapper, rumpelpum,
klapper, klapper, rumpelpum.

3. Dann ritt Herr Klipp zum Kampfe
und klappert' fürchterlich
und haute klappernd um sich
der arge Wüterich.
Da traf ihn eine Lanze
mit einem Riesenkrach.
Er klapperte noch leise
als er am Boden lag.
Refrain: Klapper, klapper, rumpelpum,
klapper, klapper, rumpelpum.

4. Zum Teufel mit der Rüstung!
Das ist doch alles Blech!
So rief der Klapperbach
und warf sie einfach weg.
Dann humpelt er nach Hause
und wurd' ein Müllersmann
und hört sich abends friedlich
das Mühlradklappern an.
Refrain: Klapper, klapper, klippdiklapp,
klapper, klapper, klippdiklapp.

Dieses Lied macht mehr Spaß, wenn ihr ein richtiges Klapperbach-Orchester zusammenstellt. Das Klapperbach-Orchester ist mit allen möglichen Blech- und Metallinstrumenten ausgerüstet, mit denen man klappern, scheppern, rasseln oder sonstwie tönen kann. Zum Beispiel Blecheimer, Büchsen aller Art, alte Bratpfannen, Töpfe und Topfdeckel usw. Allerdings müßt ihr darauf achten, daß die Blechinstrumente das Singen nicht übertönen. In den ersten zwei Refrains kann ruhig laut gepoltert werden. Überlegt euch mal, wie der Ritter klappert, wenn er im Galopp um die Burg reitet. Als er am Boden liegt, klappert er entsprechend leise, und das Mühlradklappern am Schluß kann man durch besonderes Händeklatschen nachmachen.

Das kleine bunte Trampeltier

2. Doch plötzlich tut sich draußen was,
verflixt nochmal, was ist denn das?
Doch plötzlich tut sich draußen was,
verflixt, was ist denn das?
Refrain:
Nanu, was ist das für ein Tier?
Ach, ein kleines Trampeltier.
Das trampelt da, das trampelt hier,
das kleine Trampeltier.

3. Es schnüffelt überall herum,
es schnüffelt rum im Publikum,
es schnüffelt rechts, es schnüffelt links
ich glaub, es denkt, hier stinkts.

4. Jetzt bellt und grunzt das Trampeltier
und tanzt herum auf allen viern,
und tanzt und freut sich richtig hier,
das kleine bunte Trampeltier.
Refrain

5. Wir schleichen uns ganz leise ran,
was so ein Trampeltier doch kann.
Zuerst ham wir nur mitgelacht
dann ham wir mitgemacht.

6. Wir summen mit dem Trampel-
tier ......
Wir zischen mit dem Trampeltier ......
Wir trompeten mit dem Trampeltier ....
Refrain

7. Doch da kommt ein Polizist,
weil hier so viel Getöse ist.
Das Tier steht grad im Parkverbot,
der Polizist sieht rot.

8. Es soll gleich eine Strafe zahln,
das Trampeltier, das denkt nicht dran.
Der Polizist sagt: Unerhört!
Jetzt wirst du eingesperrt.
Refrain

9. Da schleichen wir heran ganz leis
und machen den Gespensterkreis
und heulen rund ums Trampeltier
als wären zehn Gespenster hier.

10. Der Polizist bleibt da, auwei,
wir machen den Gespensterschrei,
da kriegt er einen Riesenschreck
und läuft ganz hastig weg.
Refrain

11. Wir freun uns so und tanzen drum
ums bunte Trampeltier herum,
so allemann im Hopsetritt,
das Trampeltier tanzt mit.

12. Das kleine bunte Trampeltier
blieb leider nur ein Weilchen hier.
Wie es dann in die Ferne fliegt,
hört es noch unser Lied.
Refrain:
Nanu, was war das für ein Tier?
Ach, ein kleines Trampeltier.
Blieb leider nur ein Weilchen hier,
das kleine Trampeltier.

Das Trampeltier

Das Trampeltier sollte von vielen Kindern gemeinsam dargestellt werden, denn erst, wenn es wirklich viele Beine und Füße hat, ist es ein echtes Trampeltier. Ein Trampeltier könnt ihr auch ohne Kostüm spielen. Ihr braucht dazu einfach eine Schnur oder ein Seil. Einige Kinder, die das Trampeltier spielen, stellen sich ganz eng zusammen, und zwar so, daß alle nach außen schauen. Jetzt bindet ein anderes Kind eine Schnur in Bauchhöhe um alle herum. Nun sind alle zusammengebunden. Wenn einer in eine Richtung gehen will, dann müssen notgedrungen alle anderen mit. Zusammen sind sie ein Trampeltier, das ganz viele Arme, Beine und Köpfe hat.

Das Kartontrampeltier: Wenn ihr euch für das Spiel aber lieber ein perfektes Kostüm bauen wollt, dann könnt ihr das z. B. leicht mit einem Pappkarton machen. Der Pappkarton sollte so tief sein, daß nur noch eure Beine herausschauen, wenn ihr ihn umgekehrt über den Kopf zieht. In die Seitenwände mach ihr euch nach vorn und vielleicht auch in die Seiten kleine Gucklöcher, damit ihr etwas sehen könnt. Ihr könnt den Pappkarton von außen mit einem Gesicht (mit großen Augen, Mund und Nase) bemalen. Ihr könnt ihm mit Stoffresten Ohren ankleben, vorne ein altes Geweih anbringen, hinten einen Schwanz anknoten usw.
Wenn der Karton nicht so tief ist, daß eure Oberkörper ganz darin verschinden, dann könnt ihr auch oben in den Deckel Öffnungen für die Köpfe schneiden und an den Seiten Öffnungen für die Arme. Um ein perfektes Trampeltier abzugeben, solltet ihr euch schwere Schuhe anziehen, Gummistiefel oder Skischuhe.

Das Stofftrampeltier: Statt eines Kartons könnnt ihr auch ein großes Tuch, eine alte Tischdecke oder ein altes Laken nehmen. In die Mitte schneidet ihr Öffnungen für die Köpfe, vorne und hinten wird das Tuch zugebunden. Für die herausragenden Köpfe könnt ihr euch verschiedene Verkleidungen ausdenken: alte Schlapphüte mit Federn, eine Badekappe mit Taucherbrille, einen Motorradhelm usw. Den Stoff könnt ihr vorher bemalen, färben oder mit vielen bunten Stoffstücken bekleben.

Das Trampeltierspiel

Zum Trampeltierspiel gehören:
Die Sänger, die das Lied singen.
Die Kindergruppe, die mit dem Tier spielt.
Der Polizist.
Das Trampeltier.

Die singenden Kinder bilden einen Kreis, in dem sich ein paar der Kinder gähnend räkeln. Andere schnarchen. Das Trampeltier betritt den Kreis und beginnt das Spiel mit den Kindern: Es schnüffelt, bellt und grunzt. Die Kinder innerhalb des Kreises schleichen sich heran, beobachten das Tier und summen, zischen, pfeifen und trompeten mit ihm. Der Kreis öffnet sich zu einem „U", als der Polizist mit der Trillerpfeife auftaucht. Die Kinder, die mit dem Tier gesungen haben, ziehen sich zurück. Danach schleichen sie sich an und erschrecken den Polizisten mit Gespenstergeschrei. – Während des Freudentanzes dreht sich der Kreis um die Kinder und das Trampeltier herum. – In den letzten beiden Strophen verläßt das Trampeltier den Kreis. Alle Kinder, die Sänger und die Spieler rücken zusammen, winken dem Tier nach und singen die letzte Strophe gemeinsam.

Die Rübe

2. Paul staunt, und er sagt sich: Ei, wenn ich nur wüßt,
wie groß und wie schwer diese Rübe wohl ist.
Schon krempelt er eilig die Ärmel hoch,
packt die Rübe beim Schopf und zog und zog.

3. Doch die Rübe, die rührt sich kein bißchen vom Fleck,
Paul zieht, und Paul schwitzt, doch er kriegt sie nicht weg.
Da ruft der Paul seinen Freund, den Fritz,
und der kommt auch gleich um die Ecke geflitzt.
Refrain:
Hauruck! zieht der Paul, und Hauruck zieht der Fritz.
Alle Mann, nix wie ran, ganz egal, ob man schwitzt.
Die Rübe ist dick, und die Rübe ist schwer,
wenn die dicke schwere Rübe doch schon rausgezogen wär!

4. Jetzt ziehn sie zu zweit mit Hallo und Hauruck,
doch die Rübe bleibt drin, sie bewegt sich kein Stück.
Und Fritz, der läuft los, holt vom Nachbarn den Klaus,
zu dritt kommt die Rübe ganz sicher heraus.

5. Herrje, was'ne Rübe, ja da staunt auch der Klaus.
Jetzt ziehn wir ganz fest, und dann kommt sie schon raus.
Doch die Rübe, die saß drin, und da sagte

der Klaus:
Ich hol meine Schwester, die ist grad zu Haus.
Refrain

6. Jetzt ziehn sie zu viert, doch die Rübe bleibt drin.
Der Fritz meint schon traurig: 's hat doch keinen Sinn.
Ganz plötzlich ruft Paul: Hier, ich hab 'ne Idee,
wie wärs, wenn wir mal zum Antonio gehn?

7. Doch da meint der Klaus: So was hilft uns nicht weiter.
Das sind doch alles Kinder von so Gastarbeitern.
Mein Vater sagt immer, die verschwänden viel besser.
Und außerdem sind das Spaghettifresser!

8. Das ärgert den Paul, was der Klaus da so spricht.
Der Antonio ist kräftig, und dumm ist er nicht.
Und außerdem Klaus, hast du eins wohl vergessen,
du hast dich an Spaghetti neulich fast überfressen.

9. Wir brauchen Antonio und auch seine Brüder.
Klaus' Schwester versteht's, und sie läuft schnell hinüber,
hat alle geholt, und gemeinsam ging's ran.
Alle Kinder zusammen, die packten jetzt an.
Refrain

10. Den Antonio zieht der Carlo mit Hallo und Hauruck!
Und siehe da, die dicke Rübe, die bewegt sich ein Stück.
Und jetzt noch mal Hauruck, und die Erde bricht auf,
die Rübe kommt raus und liegt groß obendrauf.

11. Die Kinder, die purzeln jetzt all durcheinander,
doch freut sich ein jeder nun über den andern.
Sie sehn, wenn man so was gemeinsam anpackt,
wird die allerdickste Rübe aus der Erde geschafft.

Das Rübenspiel

Beim Rübenspiel wird die Rübe von einem Menschen dargestellt. Das kann entweder ein Kind oder ein Erwachsener sein. Eine „erwachsene" Rübe hat den Vorteil, daß sie in der Regel schwer herauszuziehen ist und daß die Kinder, die an ihr ziehen, sich wirklich schwer ins Zeug legen müssen.

Rübenkostüme:

Eine Rübenverkleidung könnt ihr auf verschiedene Weise leicht herstellen: z. B. aus einem Kartoffelsack. Ihr nehmt einen alten Sack und schneidet für die Augen und die Arme Löcher hinein. Über dem Kopf des Spielers wird der Sack zugebunden. Über die Arme zieht ihr euch grüne Kniestrümpfe, und die „Sackrübe" ist fertig.
Oder z. B. aus einem Lodenmantel. Ihr zieht euch einen zu großen Lodenmantel an, setzt euch einen Schlapphut oder Jägerhut auf den Kopf und bindet vorne die

Ärmel zu. – Ihr könnt auch ein richtiges Rübenkostüm aus farbigen Stoffen und Stoffresten herstellen. Für den Rübenkörper nehmt ihr roten oder gelben Stoff und macht einen Umhang, der um den Hals herum einen Gummizug hat. Die Armteile können von einem alten grünen Pullover oder einer Jacke stammen, an die ihr grüne Stoffreste klebt oder näht. Auch an dem Hut könnt ihr diese Stoffreste befestigen, so daß die Rübe obenrum richtiges dichtes „Blattwerk" hat.
Natürlich könnt ihr das Rübenspiel auch ohne verkleidete Rübe spielen. Wenn ihr z. B. in den Ferien am Strand seid, könnt ihr die Rübe so weit im Sand verbuddeln, daß nur noch Kopf und Arme herausragen. Im Zimmer gibt es die Möglichkeit, einen großen Kleiderberg um die Rübe herumzubauen, um sie aus diesem Berg herauszuziehen.
Die Zahl der Mitspieler ist nicht festgelegt. Es können noch eine ganze Reihe dazukommen. Auch die Handlung braucht nicht streng nach dem Lied gespielt zu werden. Die Grundelemente sind

die festverwurzelte Rübe –
die nach und nach dazukommenden Kinder –
das Herausreißen der Rübe und das Durcheinanderpurzeln der Kinder am Schluß.

Alle Kinder können auch am Schluß um die Rübe herumtanzen. Dafür ist es gut, wenn die Rübe in der Mitte des Kreises mittanzt und nicht wie ein toter Hase liegen bleibt.

Frosch und Maus

Musik: trad.

2. Dann hüpft er zu dem Mauseloch, aha, aha!
Dann hüpft er zu dem Mauseloch
und küßt die Maus, die liebt ihn doch, aha, aha!

3. Die Maus sagt: Du bist naß und grün, aha, aha!
Die Maus sagt: Du bist naß und grün,
jedoch du quakst so wunderschön, aha, aha!

4. Dann holt sie ihren Federhut, aha, aha!
Dann holt sie ihren Federhut,
der steht ihr aber wirklich gut! Aha, aha!

5. Wo feiern wir? Ich freu mich schon, aha, aha!
Wo feiern wir? Ich freu mich schon.
In einem alten Pappkarton, aha, aha!

6. Die ersten Gäste kamen an, aha, aha!
Die ersten Gäste kamen an,
Rabe, Hamster, Spatz und Hahn, aha, aha!

7. Der Rabe stakste steif herein, aha, aha!
Der Rabe stakste steif herein
und rief sogleich: „Wo bleibt der Wein?" Aha, aha!

8. Der Hamster ist heut sehr galant, aha, aha!
Der Hamster ist heut sehr galant,
er schüttelt jedermann die Hand, aha, aha!

9. Der Spatz, der hüpft im Zickzack ran, aha, aha!
Der Spatz, der hüpft im Zickzan ran,
weil er vortrefflich hüpfen kann, aha, aha!

10. Der Hahn stolzierte stolz heran, aha, aha!
Der Hahn stolzierte stolz heran
und kräht so laut er krähen kann, aha, aha!

11. Und dann kam Onkel Ratte rein, aha, aha!
Und dann kam Onkel Ratte rein,
der trank sein Bier und schlief gleich ein, aha, aha!

12. Der Frosch quakt seinen schönsten Ton, aha, aha!
Der Frosch quakt seinen schönsten Ton,
da wackelte der Pappkarton: Aha, aha!

13. Der Kater Carlo hörte das, aha, aha!
Der Kater Carlo hörte das
und schlich sich ran durchs hohe Gras, aha, aha!

14. Die Maus rief: Guck der Kater kommt, aha, aha!
Die Maus rief: Guck der Kater kommt,
jetzt alle Mann den Fürchteton! Aha, aha!

15. Und da kam aus dem Pappkarton, aha, aha!
Und da kam aus dem Pappkarton
ein wirklich fürchterlicher Ton! Aha, aha!

16. Das quietschte, und das pfiff und schrie, aha, aha!
Das quietschte, und das pfiff und schrie,
der Kater rannte weg – und wie! Aha, aha!

17. Er warnte seinen kleinen Sohn, aha, aha!
Er warnte seinen kleinen Sohn
vor dem Gespenst im Pappkarton, aha, aha!

18. Die Tiere in dem Pappkarton, aha, aha!
Die Tiere in dem Pappkarton,
die tanzten, bis sie müde warn
und bis das Fest sein Ende nahm, aha, aha!

Das Frosch-und-Maus-Spiel

Beim Frosch-und-Maus-Spiel braucht man viele Schauspieler. Manchmal sind einzelne Kinder zu schüchtern, um etwas allein vorzuspielen. Dann sollten alle die Bewegungen erst mal zusammen machen. Man muß sich auch überlegen, wie man etwas darstellt, z. B. das Staksen des Raben (steife Arm- und Beinbewegungen) oder das Hereinstolzieren des Hahnes (Geschwollene Brust, hocherhobener Kopf). Auch das kann zunächst von allen eingeübt werden. Und wer spielt alles mit?

1. Die Tiere

Frosch, Maus, Rabe, Hamster, Spatz, Hahn und Onkel Ratte.

Außerdem spielen noch Kater Karlo und sein Sohn mit. (Auf Karlos Sohn könnt ihr im Notfall verzichten, da er ja keine richtige Rolle spielt, sondern nur zuhört.) Das Frosch-und-Maus-Spiel macht sich am besten, wenn alle eine Tiermaske haben. Aber man kann sich auch andere Verkleidungen einfallen lassen. So kann der Frosch mit grün bemaltem Gesicht, aber auch in einer Taucherbrille mit Schwimmflossen und einem grünen Pullover auftreten. Die Maus holt sich einen Hut, an dem lange Federn stecken. Der Rabe hat eine schwarze Jacke an, der Hamster einen Pelzmantel und Onkel Ratte vielleicht eine Schlägermütze. Eine Bierflasche läßt sich sicher auch leicht finden.

2. Der Pappkarton

Als wichtigsten Gegenstand braucht ihr einen großen Pappkarton. Er muß so groß sein, daß die ganze Hochzeitsgesellschaft darin Platz hat. Wenn kein großer Pappkarton da ist, könnt ihr leicht einen großen aus vielen kleinen bauen. Ihr müßt dazu die Pappkartons auseinandernehmen und vier gleich große rechteckige Pappwände herstellen. Damit die Wände auch halten, kann man sie durch eine Holzleiste verstärken. Sind die Wände hoch genug, kann man sie so zusammenstellen, daß drei die Seitenwände bilden und eine das Dach. Die Seite, die frei bleibt, ist dann der Eingang zur Villa „Pappkarton". Statt des Pappkartons könnt ihr auch einen Tisch nehmen, über den ihr eine Decke legt, die die Seiten des Tisches vollkommen abdeckt. Jetzt habt ihr so eine Art Höhle für das Frosch-und-Maus-Spiel.

3. Die Spielhandlung

Für den Anmarsch der Gäste sollte genügend Platz gelassen werden, damit jedes Tier in seiner besonderen Gangart herbeilaufen kann. Die Ankunft der Tiere kann man auch vor dem Pappkarton spielen. Nach der Begrüßung krabbelt das jeweilige

Tier dann zu den anderen in den Karton. Die Sänger bzw. die „Kapelle" sollte nicht zu weit vom Pappkarton weg sitzen, so daß Sänger und Spieler leicht in Kontakt bleiben. Die Sänger singen am besten das Lied nicht einfach durch, sondern gleichen es dem Tempo des Spiels an. Sie sollen also an bestimmten Stellen ruhig Pausen machen, um z. B. Das Quaken des Frosches, das Krähen des Hahnes oder den „Fürchteton" abzuwarten. – Die Tier-Schauspieler können, solange sie noch nicht in das Spiel einbezogen sind, bei den Sängern mitmachen. Bei ihrem Auftritt aber bleiben sie stumm und konzentrieren sich ganz auf ihre Rolle. Nur die Ausrufe und Laute, die zum Spiel gehören bzw. in die Begrüßungssituation passen, sollen eingebracht werden. – Zum Tanzen am Schluß können die Tiere aus dem Pappkarton wieder herauskommen. Spaß macht es auch, wenn sie den Pappkarton hochnehmen und sich mit ihm singend im Kreise drehn.

Aram sam sam

Musik: trad.

Spielanleitung:

1) Begleitung mit den Stabspielen (bei der Pause die Schlegel aneinanderschlagen):

2) Sprache
   a) Spiel mit dem vorgegebenen Text (laut-leise usw.)
   b) neue Worte erfinden z. B.: terum dum dum . . .
   c) Text zu bestimmter Gelegenheit (z. B. Geburtstag) erfinden z. B.: „wir wünschen Glück dem lieben Hans, darum singen wir ihm gulli gulli ramsam sam, ja hoch soll er leben gulli . . .
3) Rhythmus- und Bewegungsspiele
   a) Klatsch-, Patsch- und Stampfbegleitungen erfinden z. B.:

Kl.
P.
St.

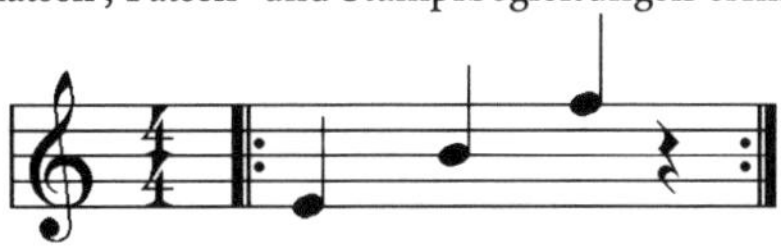

b) Gesten und Gebärden erfinden (z. B. „Begrüßungszeremoniell")
   c) Rhythmische Instrumente einsetzen
4) Auch als 2st. Kanon zu singen
5) Tanzvorschlag
   Aufstellung: Kreis, durchgefaßt, Front in Tanzrichtung
   Schritte: Gehschritte
   Teil
A 1. 8 Schritte in Tanzrichtung (re) gehen
   2. Fassung lösen
   Jeder dreht sich am Platz einmal um sich selbst herum – 4 Schritte Front zur Kreismitte – stehen und 3 x in die Hände klatschen (auf ram sam sam).
B 1. Mit 4 Schritten in Richtung Kreismitte gehen und dabei die Arme bis über den Kopf heben.
   Mit 4 Schritten rückwärts zum Ausgangsplatz zurückgehen und dabei die Arme wieder senken.
   2. wie A 2.

Franz Amrhein, H. Aus: Handreichungen für Sonderschule, Heft 3, S. 28, Musik/Lernfeld Singen, Hess. Institut f. Lehrerfortbildung, 3501 Fuldatal, 1

Anmerkung

Bei diesem Lied handelt es sich um die bewußte Imitation einer fremden Sprache, nämlich des Arabischen und zwar um eine Imitation in verschiedener Hinsicht.

a) Sprachklang – im Sinne eines subjektiv verallgemeinerten Lautbildes von dieser Sprache
b) Nachahmung bestimmter Worte und Wortverbindungen bzw. deren morphematischer Struktur
c) Nachahmung vom rituellen Gebrauch dieser Sprache/Grußformen im Lied. (Man könnte sich hierzu eine Prozession oder einen anderen religiösen Ritus bzw. auch ein Huldigungsritual an einen morgenländischen Herrscher vorstellen.).

Dem Text werden beim Singen unterschiedliche Gebärden bzw. Handlungen zugeordnet, so daß die Phantasiewörter eine bestimmte Bedeutung annehmen.
Das heißt, bei der Behandlung dieses Textes kann man in einem verkürzten Modell

von Sprachlernen, von der Aneignung der lautlichen Gestalt und der Intonation sowie der Melodieführung über die (hier sehr reduzierte) morphematische Ebene zu unterschiedlichen Formen von rituellen Sprachgebärden und ihren sprachlich vermittelten Bedeutungen fortschreiten. Durch bestimmte Gebärden und Handlungen erhalten die zunächst bedeutungsfreien Worte einen durch die Handlung gebundenen Sinn.

Atte katte nuwa

Musik: trad.

(Quelle wie Aram sam sam)

Bewegungsspiel:

Die Fischer aus Lappland fahren zum Fischfang aus.
Die Schüler sitzen mit dem Lehrer im Kreis und spielen die verschiedenen Stationen des Fischfangs. Der Lehrer kann zwischen den einzelnen Strophen oder Liedteilen kurz ansagen, was geschehen soll und es vormachen, wobei natürlich auch die Schüler zu eigenen Beiträgen angeregt werden sollen.
z. B.:
A: die Fischer rudern aufs Meer hinaus
B: es kommen hohe Wellen – sie müssen sich kräftig ins Zeug legen
C: das Rudern geht wieder ganz leicht
A: sie schauen nach Fischen aus
B: sie zeigen auf die Fische
C: sie winken die anderen Boote herbei
A: sie heben die Netze von Bord
B: sie werfen die Netze aus
C: sie lassen den Rest der Netze ins Wasser
A: sie rudern weiter
B: sie müssen sich anstrengen, weil schon viele Fische im Netz sind . . . Netze einholen, einen großen Fisch an Deck ziehen, Fische sortieren, Abfälle wieder zurückwerfen, das Deck reinigen, einen Schnaps trinken . . . weiter erfinden

Anmerkung

Im Rahmen teilnehmender Beobachtung in einem Kindergarten für behinderte, z. T. schwer behinderte Kinder, hatte ich die Möglichkeit, auch Beobachtungen zu den beiden vorhergehenden Liedern zu machen. Die Gruppe bestand aus Kindern zwischen drei und sieben Jahren. Die am weitesten fortgeschrittenen Kinder konnten sich in kurzen Sätzen verbal äußern, die übrigen befanden sich im ersten Sprachstadium oder noch davor.
Das bedeutete zunächst einmal, daß das Moment der Fremdsprachenimitation und die damit verbundene Komik für diese Kinder völlig wegfiel. Die Kinder zeigten auch keinen Spaß am Sprachklang. Was sie zunächst ansprach, war der Grundrhythmus mit seinen verschiedenen Wiederholungen. Das Interesse für die lautliche Gestalt des Liedes dagegen konnte nur durch die Zuhilfenahme visueller Mittel (Bewegung, Gestik, Mimik) hervorgerufen werden. Die Lautfolgen des Liedes waren ohne die visuellen Stützen für die Kinder funktions- und bedeutungslos.
Erst durch häufige Wiederholung der Lieder lernte ein Teil der Kinder nach und nach, daß bestimmte Gebärden bzw. äußere Handlungen zusammengehören, und so wurden die zunächst diffusen Lautfolgen zu Lautkomplexen bzw. zu lediglich durch eine praktische Funktion besetzten Worten. D. h., daß diese Kinder – wie das Kleinkind in der Initialphase der Sprache – den Zusammenhang zwischen einer Handlungssituation und einer Lautfolge erkannten. Manche ergänzten bestimmte Lautfolgen durch Bewegungen. Andere, die sich nicht sprachlich ausdrük-

ken konnten, deuteten durch Bewegungen an, welches Lied bzw. welchen Teil des Liedes sie hören wollten. Mit Hilfe solcher – die Person des Kindes ganzheitlich aktivierender Lieder – lassen sich rudimentäre Sprachlernprozesse einleiten bzw. stabilisieren. Sie werden auch in diesem Sinne von den Logopädinnen bzw. Kindergärtnerinnen gebraucht, obwohl sie in diesem Bereich keinerlei spezifische Ausbildung erfahren. Sie sind deshalb ganz auf Eigeninitiative angewiesen.

Zum Boogie-Woogie-Tanzen und Mitklatschen:

Dracula

2. Er hat die Ringelsocken an
und tanzt so schaurig schön, der Mann.
Die Fledermäuse wundern sich.
So kennen sie ihr Herrchen nicht.

Refrain:
Bei Nacht, bei Nacht, bei Nacht,
bei Nacht, im Schi-Scha-
Schubidupp Mondenschein

3. Nur einmal ist er so geschafft.
Er trinkt statt Blut nur Traubensaft.
Dann springt er wieder auf wie toll.
Wer ist der King beim Rock'n Roll?
Herr Dracula, Herr Dracula,
im Schi-Scha-Schubidupp Mondenschein.

4. Und vor dem ersten Morgenrot
ißt Dracula sein Blutwurstbrot.
Da staunt der Friedhofswärter sehr.
Wo kommt denn nur das Schmatzen her?
(Refrain)

5. Doch da bricht der Morgen an,
was Dracula nicht leiden kann.
Er macht den letzten Überschlag
in seinen alten Eichensarg.
(Refrain)

Anmerkung

Im Rahmen teilnehmender Beobachtung in einem Kindergarten für behinderte, z. T. schwer behinderte Kinder, hatte ich die Möglichkeit, auch Beobachtungen zu den beiden vorhergehenden Liedern zu machen. Die Gruppe bestand aus Kindern zwischen drei und sieben Jahren. Die am weitesten fortgeschrittenen Kinder konnten sich in kurzen Sätzen verbal äußern, die übrigen befanden sich im ersten Sprachstadium oder noch davor.
Das bedeutete zunächst einmal, daß das Moment der Fremdsprachenimitation und die damit verbundene Komik für diese Kinder völlig wegfiel. Die Kinder zeigten auch keinen Spaß am Sprachklang. Was sie zunächst ansprach, war der Grundrhythmus mit seinen verschiedenen Wiederholungen. Das Interesse für die lautliche Gestalt des Liedes dagegen konnte nur durch die Zuhilfenahme visueller Mittel (Bewegung, Gestik, Mimik) hervorgerufen werden. Die Lautfolgen des Liedes waren ohne die visuellen Stützen für die Kinder funktions- und bedeutungslos.

Erst durch häufige Wiederholung der Lieder lernte ein Teil der Kinder nach und nach, daß bestimmte Gebärden bzw. äußere Handlungen zusammengehören, und so wurden die zunächst diffusen Lautfolgen zu Lautkomplexen bzw. zu lediglich durch eine praktische Funktion besetzten Worten. D. h., daß diese Kinder – wie das Kleinkind in der Initialphase der Sprache – den Zusammenhang zwischen einer Handlungssituation und einer Lautfolge erkannten. Manche ergänzten bestimmte Lautfolgen durch Bewegungen. Andere, die sich nicht sprachlich ausdrükken konnten, deuteten durch Bewegungen an, welches Lied bzw. welchen Teil des Liedes sie hören wollten. Mit Hilfe solcher – die Person des Kindes ganzheitlich aktivierender Lieder – lassen sich rudimentäre Sprachlernprozesse einleiten bzw. stabilisieren. Sie werden auch in diesem Sinne von den Logopädinnen bzw. Kindergärtnerinnen gebraucht, obwohl sie in diesem Bereich keinerlei spezifische Ausbildung erfahren. Sie sind deshalb ganz auf Eigeninitiative angewiesen.

Mäusepfiff
und Aufziehmaus –

Lieder und
Instrumentalstücke aus den
Lionni-Hörspielen

Frederick –

Geraldine
und die Mauseflöte

Alexander
und die Aufziehmaus

Frederick (Flötenmelodie 1)

Frederick (Flötenmelodie 2)

Neben dem Schornstein, da sitzt eine Maus

2. Eine uralte Lederhose stand da
und 'ne Leberwurstdose, in der nichts mehr war.
Davon kriegt sie Hunger, die kleine Maus,
und läuft schnell weiter ins Treppenhaus.

3. Was sieht sie da plötzlich dicht neben sich?
Zwei Gummistiefel, wie fürchterlich.
In denen steckt riesig und schwer, Bein für Bein,
der dicke Karl Gustav vom Angelverein.

4. Und wie er gleich drauf in der Küche sitzt,
kommt die Maus durch die Küchentür reingeflitzt.
Karl Gustav springt auf und schreit: „Eine Maus!"
Und schwupp, schon ist sie zur Küche hinaus.

5. Vor dem Fenster findet die Maus, was ein Glück,
drei Erdnüsse und ein'n Kartoffelchip.
Doch da sitzt im Sofa mit scharfer Kralle
Mieze, die lebende Mausefalle.

6. Ganz leise schleicht sich die Katze heran.
Da flüchtet die Maus, so schnell sie nur kann.
Sie läuft um ihr Leben und ist noch mal schneller
und landet am Ende im Kohlenkeller.

7. Und weil es der Maus in dem Haus nicht gefällt, wandert sie morgens früh in die sehr weite Welt.
Da kennt sie weit weg bei Pferd, Kuh und Bauer
eine alte, mit Gras bewachsene Mauer.

Der Fuchs der sitzt im tiefen Wald

2. Der Fuchs, der sitzt im tiefen Wald
   und jault und quiekt und singt.
   Da guckt die Maus zum Loch heraus,
   weil das so komisch klingt.

3. Der Fuchs sagt freundlich: „Sing doch mit!
   Ich kann nicht länger warten."
   Und denkt bei sich: „Wenn's sonst nix gibt,
   schmeckt mir auch Mäusebraten."

4. „Sing du erst mal!„ so sagt die Maus,
   „ich hör's schon köstlich klingen,
   wenn wir wir zusammen, Fuchs und Maus, die schönsten Lieder singen."

5. Der Fuchs, der sitzt vorm Mauseloch
   noch stundenlang und singt.
   Drin stopft die Maus die Ohren zu,
   weil's gar zu komisch klingt.

Geraldine und die Mäuseflöte:

Geraldine

Instrumental (Flöte)

Bei dem Birnbaum in den Feldern

2. Doch der Opa ist verschwunden
aus dem alten Backsteinhaus.
Nur sein Hund guckt alle Tage
aus dem Kellerfenster raus.

3. Doch der Hund, der ist verschwunden
aus dem alten Backsteinhaus.
Jetzt guckt aus der Bodenluke
manchmal eine Katze raus.

4. Doch die Katze ist verschwunden
aus dem alten Backsteinhaus.
Durch die großen, schiefen Fenster
schaut jetzt niemand mehr heraus.

5. Und da ist der Wind gekommen
in das alte Backsteinhaus.
Weht von vorn zur Tür herein und
aus dem Gartenfenster raus.

6. Schon weht er durch alle Räume,
unten quietscht die Kellertür.
Ja das alte Backsteinhaus –
so pfeift der Wind – gehört jetzt mir.

7. Doch der Wind ist nicht alleine
in dem alten Backsteinhaus.
Denn tief in der Speisekammer,
da wohnt Geraldine – die Maus.

Alexander und die Aufziehmaus:

Flötengalopp

Instrumental (Flöte)

Morgenlied

2. Dann steigt die Morgensonne,
daß alle Welt erwacht
aus ihrem fernen Himmelbett,
hat alles hell gemacht.

3. Sie scheint durch alle Fenster
und auch ins Mauseloch,
vertreibt die Nachtgespenster.
Wer schläft da immer noch?

4. Am ganz ganz frühen Morgen,
da kommt ein neuer Tag
und alles wacht ganz langsam auf,
was tief geschlafen hat.

Frühstückslied

2. Schlupft die Maus zur Küche rein
auf ganz leisen Pfötchen,
sagt sie: Guten Appetit!
knabbert erst am Brötchen.

3. Läuft sie über'n Küchentisch
hin zum Käseteller,
knabbert sie ganz langsam los
und dann immer schneller.

4. Und ein Stückchen Schlackwurst auch
für den Mäusemagen.
Ja, die Maus ist heute froh,
es ist kaum zu sagen.

5. Und dann leckt sie satt und froh
an der Zuckertüte.
Da kommt Tante Else rein.
Ach, du meine Güte!

Willi wacka tracka

2. Willi Wacka Tracka kennt kein Mauseloch.
Ihr sagt: Dann ist es keine Maus, doch Anne, die sagt: Doch!
Und Willi Wacka Tracka fürchtet keine Katze
und Anne liebt den Willi heiß.
Den Willi, ja den hat'se.

3. //: Willi Wacka Tracka ist kein Käsedieb.
Er läßt sich immer streicheln,
deshalb ham ihn alle lieb.
Willi Wacka Tracka, der reißt niemals aus,
denn Willi Wacka Tracka ist ne Aufziehmaus.//:

(Wiederholung der Strophe einen halben Ton höher)

Suchlied

2. Durch die Wiesen lauf' ich,
den roten Kiesel brauch' ich,
://such' ihn bis zum Abendlicht.
Ich find' den roten Kiesel nicht.://

3. Und zum Bach hin lauf' ich,
den roten Kiesel brauch' ich,
wünsch' ich mir tagaus tagein,
wo mag der rote Kiesel sein?

4. In das Haus rein lauf' ich,
den roten Kiesel brauch' ich.
://Trip trip trap treppauf treppab
bis ich den roten Kiesel hab'.://

Es war einmal eine müde Fliege –

Buntgemischte Erzähllieder und sonstnochwas . . .

Das Lied von der müden Fliege

2. Da träumte die Fliege, sie wäre so
ein klitzekleiner Wasserfloh
und hüpfte unter der Entengrütze
im Teich herum ohne Hemd und Mütze
und wurde dabei pudelnaß,
daß sie gleich den Traum vergaß.

3. Da lag die Fliege und war naß,
war von zwei Regentropfen naß.
Sie putzte und sie reckte sich,
verdreht den Kopf und streckte sich
und surrte, was kann schöner sein?
dem Schmierkäs' zu im Sonnenschein.

Stubenfliegen

Stubenfliegen sind seltsame Tiere. Sie können sich mit den Hinterbeinen die Hände reiben und mit den Vorderbeinen den Hinterkopf kratzen.
Stubenfliegen sind schlaue Tiere. Sie fliegen nur einmal gegen eine Glasscheibe,

dann wissen sie, daß eine Glasscheibe eine Glasscheibe ist. (Die dicken Brummer dagegen kapieren das nie.)
Stubenfliegen sind friedliche Tiere. Sie naschen, auch wenn es viele sind, ober-, über- und untereinander an einem Kuchenkrümel, ohne Drängeln, Wegschubsen und Prügeln.
Stubenfliegen leben in den Tag hinein. Manchmal paaren sie sich. Aber sie sind auch alleine glücklich.
Stubenfliegen sind alle gleich. Sie haben keine Königin wie die Bienen und die Ameisen. Sie haben kein Besitztum, und sie töten keine Eindringlinge.
Nachts schläft jede Fliege für sich allein. Und am Morgen fliegt sie weiter. Manchmal dauert ihr Leben nur einen Geburtstag lang.

(Aus: Fischbrötchen beim Friseur. Middelhauve, 1990, S. 45)

Die Zwerge

2. Der eine will ihn haben,
der andre läßt nicht los.
Er ruft: Verflixt und zugenäht,
da platzt ihm schon die Hos.

3. Sie kloppten sich noch lange,
dann spürten sie es auch.
Sie hatten Riesenhunger
in ihrem Zwergenbauch.

4. Sie setzten sich und schmatzten
und rülpsten kräftig los
und hatten einen Riesenspaß
an dem Kartoffelkloß.

5. Dann sind die drei verschwunden,
doch hörte man dann und wann
ein Schmatzen und ein Kichern,
wo sie gesessen ham.

Die Farben

(Middelhauve, Mäusepfiff u. Himmelsblau, S. 7)

Das kurze Lied vom kleinen Heinz Becker

2. Er nahm eine Beere,
warf sie in die Quere
und dachte sich gar nichts dabei.
Auwei, auwei, auwei.

3. Da fing Vater Becker
sofort an zu meckern:
Iß ja deinen Heidelbeerbrei.
Auwei, auwei, auwei.

4. Der Sauberkeit wegen,
da droht er mit Schlägen
und dachte sich gar nichts dabei.
Auwei, auwei, auwei.

Drei Chinesen

Beschreibung

Text: trad./Musik: trad.

Ein Lied, das zur Spielerei mit Sprache einlädt und das durch Gesten ergänzt werden kann.

Variationen

Alle Vokale können gleich gesungen werden, z.B. auf a:
Dra Chanasan mat dam Kantrabaß . . . (Auf e, i, o, au, eu)

Dru Chunusun mut dum Kuntrubuß – Lautspielerlebnisse bei Kindern

In dem Lied werden bestimmte Formen des frühkindlichen Sprachspiels aufgegriffen. Helmers berichtet von einem zweijährigen Kind, das den Satz „Vati is in Arbeitszimmer“ in „Viti is in Irbitszimmer“ umwandelt (H. Helmers, 1965, S. 104).

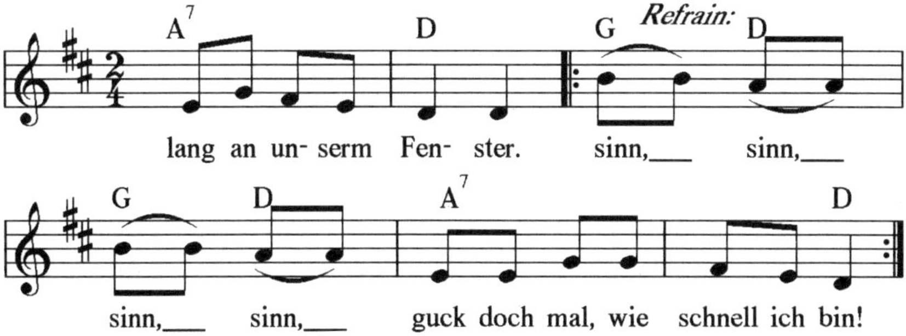

2. Früh am Morgen – Ferdinand
kommt aus seinem Haus gerannt
und springt in sein großes rotes,
schnelles Superauto.

Refrain:
Brrm, brrm, brrm, brrm,
guck doch mal, wie schnell ich bin!

3. Früh am Morgen – Emma Nolte,
die Kartoffeln holen wollte,
tuckert mit dem Traktor los,
mit dem starken Traktor.

Refrain:
Butt, butt, butt, butt, butt, butt, bum,
guck doch mal, wie stark ich bin!

4. Ferdinand kommt angebrummt,
und fährt fast den Traktor um
und schimpft noch die Emma aus:
Ach du lahme Ente!

Refrain:
Brrm, brrm, brrm, brrm,
guck doch mal, wie schnell ich bin!

5. Plötzlich ruft er: Ach du Scheiß,
auf der Straße ist ja Eis!
Und schon rutscht der Ferdinand
in den Straßengraben.

Refrain:
Sinn, sinn, sinn, sinn,
auweiowei, wie schnell ich bin!

6. Da kam grad Emma Nolte,
die Kartoffeln holen wollte.
Und sie sah den Ferdinand
drin im Straßengraben.

Refrain:
Brrm, brrm, brrm, brrm,
der sitzt in der Patsche drin.

7. Und die Emma hängte dann,
das Auto an den Traktor dran:
Ferdinand, schau, was ich kann
mit meiner lahmen Ente.

Refrain:
Butt, butt, butt, butt, butt, butt, bum,
guck doch mal, wie stark ich bin!

8. Und der kleine Wind lacht:
Das hat Emma gut gemacht!
Und weht weiter übers Land
bis nach Friedelhausen.

Refrain:
Sinn, sinn, sinn, sinn,
guck doch mal, wie schnell ich bin.

Hau-mich-nicht-Lied

2. Wir verkleiden uns,
   ich nehm Vatis Schuh,
   du nimmst Omas Unterrock
   und Opas Hut dazu.
   Refrain

3. Und aus Tisch und Stühlen,
   baun wir uns ein Haus
   und du guckst zum Boden –
   ich zum Kellerfenster raus.
   Refrain

4. Und dann sind wir froh,
   wie ein Eskimo,
   geben uns ein Nasenküßchen,
   denn das kitzelt so.
   Refrain

Dieses Lied ist nicht nur zum Mitsingen gemacht. Ihr könnt es auch nachspielen. Vielleicht habt ihr dazu ein altes Sofa, ein paar Matratzen, einen Schrank und alte Sachen zum Verkleiden. Die letzte Strophe geht auch ohne Verkleidung. bei drei geht's los . . . Eins! Zwei! Drei!

Unsere Lassy ist der Struppi

2. Struppis Vater war ein Schnauzer,
seine Mutter war ein Spitz.
Doch dem Struppi ist das schnuppe,
wenn er durch die Straßen flitzt.
Refrain

3. Jonny Kraftprotz wollte prügeln,
doch da lag er bei uns schief.
denn der Paule holt den Struppi,
ui, was da der Jonny lief!
Refrain

4. Aber kommt der Kater Krücke,
dieses alte Krallentier,
dann macht Struppi einen Bogen,
überläßt ihm sein Revier.
Refrain

5. Struppi kann auch andre Bögen:
Hoch hebt er sein Hinterbein.
An der dicken alten Pappel!
macht er seinen Bogen fein.
Refrain

6.Fernsehen gucken, Lassy sehen –
wie 'ne Puppe sitzt man da.
Struppi aber will nach draußen,
und wir laufen mit, na klar!
Refrain

Der Cowboy Jim aus Texas

2. Der Floh tat Jim begleiten,
er hatte Spaß am Reiten.
Und ging der Jim aufs Klo,
dann tat das auch sein Floh.
Refrain

3. Oft macht das Reiten Mühe.
Jim hütet hundert Kühe.
Da kommt er oft in Schweiß
und ruft: Ach, was 'n Scheiß!
Refrain

4. Am Tschikitschobasee
ruft Jim sein Jippijeh.
Doch einst am Lagerfeuer
da war's da nicht geheuer.
Refrain

5. Im ersten Morgengrauen
da wollt man Jim verhauen.
Man schlich zu Jimmy fix,
der schlief und merkte nix.
Refrain

6. Der Floh, der hört es trappeln,
tat sich auch gleich berappeln
und stach als echter Floh
den Cowboy in den Po.
Refrain

7. Der Jim sprang auf und fluchte,
als er das Weite suchte.
So war's nix mit Verhauen
im ersten Morgengrauen.
Refrain

8. Der Cowboy Jim aus Texas
sitzt oft bei seiner Oma.
und beide schaun sich dann
im Fernsehn Cowboyfilme an.
Refrain

Kaninchenlied

2. Ach, Mama, ach,
es ist so allein.
Hätt' ich doch ein andres,
dann wär'n es schon zwei.
Larydum, darydumday.

3. Schau, Mama, schau,
was ich dir zeig:
Ein and'res Kaninchen,
so weiß wie ein Ei.
Larydum, darydumday.

4. Jetzt hab' ich schon zehn,
und die Hälfte ist weiß.
Mama sagt, wem eins fehlt,
sagt sie sehr gern den Preis.
Larydum, darydumday.

5. Für meine Kaninchen
da rupf ich jetzt Gras.
es sind schon fast dreißig,
ist das nicht ein Spaß?
Larydum, darydumday

6. Jetzt sind es fast fünfzig
und Papa der schreit.
Die bring ich zum Metzger,
es wird höchste Zeit.
Larydum, darydumday.

7. Ich hab das nicht gern,
wenn der Papa so drängt.
Da hab ich fast alle
meinen Freunden geschenkt.
Larydum, darydumday.

8. Und uns're Kaninchen,
die machen uns Spaß.
Soll der Metzger nur kommen,
dem husten wir was.
Larydum, darydumday.

Kakadukanon

Musik: trad.

2. Auf dem Gummibaum
sitzt der Kakadu,
und frißt Gummibärchen
immerzu.
Laß, Kakadu, ach laß.
Kakadu, ach laß mir auch noch was!

Die einzelnen Strophen dieses Liedes könnt ihr als Kanon singen. Es wurde nach der Vorlage von „Kookaburra sits on an old gum tree", einem Lied aus Australien, gemacht. Für „Kakadu" kann man auch andere Wörter einsetzen, z. B. „Gummischuh", „alter Uhu", „kleines Gnu" usw.

Kinderlied, Sprachspiel und Nonsenslyrik

In einer Anthologie zur Nonsenslyrik wird darauf hingewiesen, daß „der sinnlose Refrain als Zeichen ohne Bedeutung und der Kindervers als Übergang vom Zeichen ohne Bedeutung zum Spiel" am Anfang jener Spielart der Dichtung stehen, die Nonsens- bzw. Unsinnspoesie genannt wird (K. P. Denker, Hg., 1978, S. 6). Kinderreime sowie Refrains von Kinder- und Volksliedern bildeten also das Ausgangsmaterial für eine bestimmte Spielart der modernen Lyrik.

„Zirlipinzigen,
Die kleinwinzigen,
Zitteraalig netten,
Wenn wir sie nur hätten! . . .

Sie sangen ihr Lied unverdrossen, fingen immer wieder vom Anfang an, sobald sie damit fertig geworden waren. – 'Was singt ihr da?' fragte ich, 'was soll denn das heißen?'. Sie sahen mich an und lachten mich offenbar aus. Ein Knabe sprach mit Überlegenheit: 'Was braucht es denn zu heißen?'" (Zitiert nach K. P. Denker, 1978, S. 5).

Nonsense im Gedicht bzw. im Lied wird auf unterschiedliche Weise hergestellt. – Die Erzeugung von Nonsenselyrik setzt die souveräne, praktische Kenntnis der phonetischen, morphologischen, semantischen, syntaktischen und pragmatischen Dimension von Sprache voraus, erfordert also ein hochgradiges Sprachbewußtsein, sie zeigt zugleich aber auch Ähnlichkeiten zum frühkindlichen Umgang mit Sprache:

„Nonsense ist eine Form des komischen Sprachspiels, in der Autoren wie in frühkindlichen Äußerungen die konventionellen Bindungen zwischen Inhalt und Form, d. h. Bedeutungen einerseits und Lautgruppen und syntaktischen Bezügen andererseits, aufs Spiel setzen – mit einer Tendenz zur Bedeutungsreduzierung" (R. Tabbert, 1984, S. 2),

oder – könnte hinzugefügt werden – zur phantasiefördernden Besetzung semantischer Leerstellen.

Schweinelied

2. Und eins war dabei, dem gefiel das nicht,
den ganzen Tag nur Gequiek.
Wann machen wir endlich mal:
Chrrum, Chrrum, Chrrum
und nicht immer nur: Wiewiewie.

3. Da übten sie alle das Chrrum, Chrrum,
Chrrum
und was war nach einem viertel Jahr?
Da konnten sie alle das Chrrum,
Chrrum, Chrrum
ganz wunderwunderbar.

4. Der Bauer kratzte sich am Kopp,
verflixtes Borstenvieh.
Jetzt machen die Ferkel schon Chrrum,
Chrrum, Chrrum,
wo bleibt nur das Wiewiewie?

5. Doch als der Metzger Meier kam,
da riefen die Schweine: Oh weh,
was nützt uns jetzt dieses Chrrum,
Chrrum, Chrrum?
Wie schön war das Wiewiewie!

Beim Singen des Liedes können zuerst nur die verschiedenen Tierlaute mitgemacht werden, später auch die anderen Textteile. Um das Ganze musikalisch noch reizvoller zu machen, kann man die Tierlaute auch durch zwei Instrumente ersetzen bzw. begleiten, zum Beispiel das 'Chrrrrrm, chrrrr, chrrrrrm' durch das Guiro (ein Rhythmusinstrument, das lang und laut schnarrt) und das 'Wieh, wieh, wieh' durch eine Lotus- bzw. Ziehflöte, die so wunderbar jault. Man kann die Laute auch durch Kazoos verstärken bzw. verfremden lassen. Dann macht das Ganze noch mehr Spaß.

Die Deutschen und das Schwein

Schwein . . .
Mit dem Schwein ist es ein ganz besonderes Problem.
Die Deutschen und das Schwein

Du hast Schwein, sagen die Deutschen,
und sie meinen, es bedeutet etwas Gutes.
Du bist ein Schwein, sagen die Deutschen,
und sie meinen, es bedeutet etwas Schlechtes.

Bei uns darf man das Schwein nicht essen,
aber ein Schimpfwort ist es deshalb noch lange nicht.

Auf arabisch sagt man lobend:
Ein Mann ist stark und kräftig wie ein Schwein!
Die Deutschen essen den ganzen Tag Schweinefleisch,
und wohlgenährt sehen sie auch aus.
Aber wenn man sagt,
sie seien wie die Schweine,
ist das auf Deutsch geschimpft.

Man darf nur niemand einen Hund nennen,
wenn man ihn nicht zum Beißen bringen will.

Bei uns ist das Schwein neutral.
Die Deutschen haben kein System
in Schweine-Angelegenheiten.
Oh mein Schwein, mein Schwein!

(Mustapha el Hajaj. 5 Geschichten, Ararat-Verlag Berlin 1982)

Vom Laufenlernen

2. Im Zimmer steht ein Wäscheschrank
und da sind viele Griffe dran.
Sie zieht sich hoch mit aller Kraft.
Jetzt noch ein Stück . . . sie hat's geschafft!
Sie steht und freut sich . . . Doch wieso?
Bums, sitzt se wieder auf dem Po . . .
Refrain

3. Jetzt sitzt sie da und ärgert sich:
Es laufen alle – nur nicht ich.
Der Papa läuft auf Zehenspitzen,
die Schwester kann auf Rollschuhn flitzen.
Die Katze springt im Zimmer rum,
mal rechts, mal links und fällt nicht um.
Refrain

4. Sie gibt nicht auf, und Stück für Stück
versucht sie noch einmal ihr Glück.
Sie steht . . . jetzt wird nach vorn getappt,
mal rechts . . . mal links . . . und Glück gehabt,
und jetzt schon fast im Dauerlauf . . .
sie fällt . . . doch Papa fängt sie auf.
Refrain:
Na so was, na so was, sie läuft schon richtig los.
Na so was, na so was, jetzt ist sie auch bald groß.

5. Die ersten Schritte sind noch klein,
bald läuft sie aber ganz allein.
Der Hund ist auch nicht mehr sehr groß.
Sie nimmt ihn mit, läuft einfach los,
grad in die weite Welt hinein,
viel weiter weg als Hänschen klein.
Refrain:
Na so was, na so was, sie läuft schon richtig los.
Na so was, na so was, jetzt ist sie auch bald groß.

Dieses Lied möchte für das Überwinden von Schwierigkeiten Mut machen. Auch wenn es zunächst gar nicht so aussieht, als würde es klappen. Das Lied läßt sich auch auf andere Situationen übertragen, in denen man wieder „laufen lernen muß", weil man vorher auf die „Nase gefallen" ist. Sabine hat Geduld, und das ist sehr wichtig. Und sie braucht jemanden, der ihr zuerst hilft. Aber dann schafft sie es auch von alleine, na bitte!
Guckt mal, wie das bei euren kleineren Geschwistern ist, da gibt es sicher auch einiges zu beobachten und zu erzählen!

Leni Tanzbein

2. Der Bauer, der sagt gar nix,
das Huhn legt grad ein Ei.
Da macht die Leni Kaffeeklatsch
mit einem Papagei.
Refrain

3. Der Bauer sitzt vorm Kasten,
guckt Fußball und guckt Boxen.
Da spielt die Leni Pingpong
mit ihrem Lieblingsochsen.
Refrain

4. Der Bauer hat am Abend
sein letztes Bier geleert.
Da tanzt die Leni Schuhplattler
mit ihrem Lieblingspferd.
Refrain

5. Der Mond ist aufgegangen.
Die Eule fliegt ums Haus.
Die Leni springt ins Bett hinein
drum ist das Lied jetzt aus.
Refrain

Die Enten laufen Schlittschuh

Christian Morgenstern

2. Wo haben sie denn die Schlittschuh her?
Woher? Vom Schlittschuhschmied!
Der hat sie ihnen geschenkt, weißt du,
für ein Entenschnatteried.

Es war einmal ein Fuchs, der hatte in seinem ganzen Leben noch keine Gans gestohlen. Er hatte immer nur Mäuse gefressen und hinterher am Bach Gänsewein getrunken. – Und es war einmal ein Bauer, der hatte schon mancher Gans und mancher Ente den Kopf umgedreht. Seine Kinder aber sangen so laut sie konnten: *Fuchs, du hast die Gans gestohlen, gib sie wieder her!* Das ärgerte den Fuchs sehr, denn er war ein lieber Fuchs. Er war Mäusejäger und kein Dieb und hatte wie alle anderen Tiere manchmal großen Hunger.

Der Fuchs

2. Dem Fuchs, dem knurrt der Magen sehr,
den kleinen Füchsen noch viel mehr,
wenn's doch nur was zu fressen gäb
im Tannenwald im Taunus.

3. Der Fuchs läuft los, springt übern Bach.
Der Frosch wacht auf: „Was'n das für'n Krach?"
Der Fuchs läuft durch die dunkle Nacht
zum Hof vom Bauern Lempel.

4. Da scharrt der Fuchs sich schnell ein Loch,
wo er zum Entenstall reinkroch,
die dickste Ente schnappt er sich
im Stall vom Bauern Lempel.

5. Er trug die dicke Ente weg,
was stört den Fuchs ihr „quak, quak, quak";
der Fuchs will auch mal Entenspeck
im Tannenwald im Taunus.

6. Da springt der Bauer aus dem Bett:
„Die dickste Ente, die ist weg!
Der Fuchs war hier, kreuzsakrament!
das gottverdammte Luder!"

7. Im Fuchsbau war die Freude groß,
der Fuchs, der schmatzte auch gleich los,
die kleinen Füchse schmatzten mit
und knackten Entenknochen.

8. Dann warn die Füchse pudelsatt!
und schnarchten bis zum nächsten Tag
drei Meter tief im Tannenwald
bei Idgenstein im Taunus.

Der Wasserhahn

Die Schildkröte

Text: trad. / F. Vahle

2. Schildkröte, Schildkröte,
da steht der Besen.
Hab keine Hand und hab keinen Fuß!

3. Schildkröte, Schildkröte,
da liegt das Putztuch.
Hab keine Hand und hab keinen Fuß!

4. Schildkröte, Schildkröte,
putz dir die Zähne.
Jetzt hab ich Beene aber keine Zähne!

5. Schildkröte, Schildkröte,
komm mit uns tanzen!
Heraus meine Hände,
heraus meine Füße,
heraus meine Hände,
heraus meine Füße . . .

Das Gespensterkind

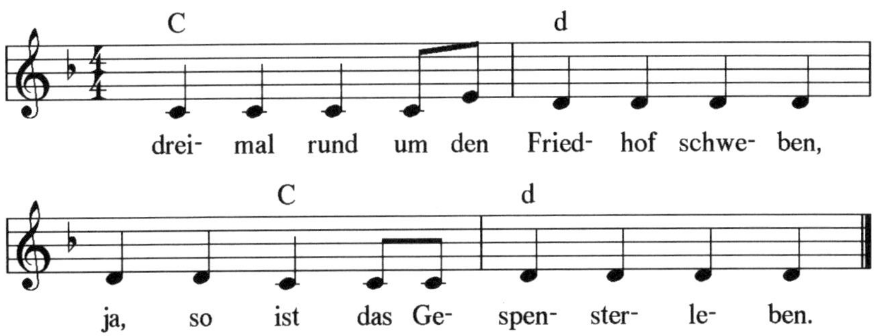

2. Da sagte das Gespensterkind: Ich hab das Üben satt!
Ich will mal richtig gruseln gehn und fliege in die Stadt.
Im ersten Haus das schlupfte es, schwupp, in ein Ofenrohr
und kam dann aus dem Ofenloch kohlrabenschwarz hervor.

3. Und alle liefen ganz schnell weg, nur nicht die Tante Tine,
Die wollt es schnappen und rief laut: Ab in die Waschmaschine.
Doch hat sie es nicht mehr erwischt, es flog zum Fenster raus
und schlupfte kohlrabenschwarz und schnell, sogleich ins Nachbarhaus.

4. Doch, ach, da drin, da mußte es gehorsam ohne Mucken
mit der Familie Meyerling drei Stunden Fernsehn gucken.
Mainzelmännchen und Krimis sehen,
keinen Schritt mehr vor die Türe gehen
immer nur vor der Glotze kleben. Ja so ist manchmal das Menschenleben.

5. Doch beide Eltern schliefen ein.
Die Kinder schlichen raus,
und spielten mit dem Gespensterkind
Gespenster rund ums Haus.
da wachten beide Eltern auf, sahn ängstlich aus dem Fenster.
Was ist da draußen für ein Lärm? Das klingt ja wie Gespenster!
Sargdeckelklappern und Knochenpfeifen,
'ne Ritterrüstung durchs Schlafzimmer schleifen,
dreimal rund um den Friedhof schweben.
Oh Schreck, hier muß es Gespenster geben.
Und als die Kinder wiederkamen, war das Gespenst schon weg.
Nur in der Sofaecke blieb . . . ein kleiner schwarzer Fleck.

Die Krähe

2. Im allerersten Baume saß ein schwarzes Tier.
Warum? Darum! Schnee fiel in der Nacht.
Das war eine Krähe und die schrie so laut wie vier.
Warum? Darum! Die Krähe hat gelacht.

3. Da wurde unser Bauer vor Angst ganz klein,
Warum? Darum! Schnee fiel in der Nacht,
und schlupfte kopfüber in ein Mauseloch rein.
Warum? Darum! Die Krähe hat gelacht.

4. Doch da sah er sein Gewehr und da wurd er wieder groß,
Warum? Darum! Schnee fiel in der Nacht.
Und er zielte auf die Krähe und der Schuß krachte los.
Warum? Darum! Die Krähe hat gelacht.

5. Und die Krähe, die schleppte er schnell nach Haus,
Warum? Darum! Schnee fiel in der Nacht.
Und dann kam er zwei Tage aus dem Haus nicht mehr raus,
Warum? Darum! Die Krähe hat gelacht.

6. Aus dem Fett von der Krähe machte er zu Haus,
Warum? Darum! Schnee fiel in der Nacht.
Alle Schmalztöpfe voll und noch zwölf Kerzen daraus.
Warum? Darum! Die Krähe hat gelacht.

7. Auch der Braten von dem Krähenfleisch war riesengroß.
Warum? Darum! Schnee fiel in der Nacht.
Und der Bauer, der schmatzte wie ein Scheunendrescher los.
Warum? Darum! Die Krähe hat gelacht.

8. Mit den Federn stopfte er alle Betten aus,
Warum? Darum! Schnee fiel in der Nacht.
Von nun an schlief jeder schön warm in dem Haus.
Warum? Darum! Die Krähe hat gelacht.

9. Aus der Haut, ja da machte er zwölf Paar Schuh,
Warum? Darum! Schnee fiel in der Nacht.
Und die Oma, die kriegte Pantoffeln dazu.
Warum? Darum! Die Krähe hat gelacht.

10. Und dann hat der Bauer an sich selbst gedacht,
Warum? Darum! Schnee fiel in der Nacht.
Und hat sich aus dem Kopf einen Kleiderschrank gemacht.
Warum? Darum! Die Krähe hat gelacht.

11. Und am nächsten Tag, da ging er wieder in den Wald.
Warum? Darum! Schnee fiel in der Nacht.
Und da hat er sie gehört, ach, da wurd ihm heiß und kalt,
Warum? Darum! Die Krähe hat gelacht.

Dieses Lied wurde nach der Vorlage einer schwedischen Volksballade geschrieben. Hier ist eine Krähe so ein hintergründiges Wesen.

Der Spatz

2. Doch dann merkte er, daß er nicht so einfach höher fliegen kann
und er schnattert schräg nach unten.
Gegen eine große Wand
wäre er da fast geflogen, doch der Spatz hat nochmal Glück,
denn er flattert schräg nach unten grad auf Baumanns Mittagstisch.

3. Und die kleine Billa Baumann ruft: Ein Vogel, was ein Glück,
wie er dasitzt und ganz friedlich an den Frikadellen pickt.
Doch der Vater sagt: Ein Spatz gehört nicht auf den Mittagstisch.
Jetzt hat er auch noch geschissen. Bringt den Dreckfink ins Gebüsch!
Refrain:
Und da guckt er ganz schief, der kleine Spatz
und da sagt er: Hier ist für'n Spatz kein Platz.
Doch ich bin ein fingerlange flinker Flügelfaltermann,
und ich guck mir erstmals alles, was es gibt, so richtig an.

4. Und flattert auf den Hof in eine schöne große Pfütze,
wo die andern Spatzen sitzen, sich mit Pfützenwasser spritzen.
Zu dem Spatz, der abseits sitzt, da ruft er:
Kumpel komm doch auch,
denn hier kannste prima baden und hier kühlste deinen Bauch.

5. Doch der andre guckt ganz stolz, plustert sich auf und sagt ihm dann:
Ich bin kein Spatz, ich bin ein Sperling, pöbeln Sie mich hier nicht an!
Denn an diesem öden Ort mach ich nur Rast und fliege dann
zu der Abfalltonne von 'nem Feineleuterestaurant.

6. Aber Sie sind doch ein Dreckspatz!
Gucken Sie sich doch mal an!
Und der Spatz guckt in die Pfütze, sieht sich wie im Spiegel dann
und so hat der Spatz zum ersten Mal sich selber angesehn,
rief: ick finde mir, ick finde mir, ick finde mir janz schön!
Refrain:
Und dann guckt er ganz schief, der kleine Spatz,
und dann sagt er: Bei so'm Sperling ist für'n Spatz kein Platz . . .

7. Doch der Spatz war so alleine, das gefiel ihm gar nicht mehr,
da traf er drei andere Spatzen, die war'n neugierig wie er,
und sie flogen zum Holunderbusch und hielten da gleich Rat
und der Spatz erzählte alles, was er schon gesehen hat!

8. Papa Baumanns Frikadellen, ei, die schmecken ja so gut,
nur wenn man sich da was abpickt, kriegt man gleich eins auf den Hut.
Doch die kleine Billa Baumann, ach, die hab ich wirklich lieb,
aber schade, daß sie immer gleich so viel Schimpfe kriegt.

9. Er erzählt auch wie Herr Sperling denkt, daß er was Bessres ist,
weil er seine Spatzenmahlzeit ganz besonders vornehm frißt.
Und da lachten alle Spatzen und wackelten mit ihren Schwänzen
und das wurde eine der allerschönsten Spatzenkonferenzen.
Refrain:
Und da guckte er ganz froh, der kleine Spatz,
und dann sagte er: Hier ist für'n Spatz noch Platz!
Doch wir gucken uns zusammen noch ganz viele Sachen an,
sprach der kleine, fingerlange flinke Flügelflattermann.

Das Hexenmädchen

2. Ich laufe übers Wasser
und spucke in den Wind.
Ich fliege schnell wie Löwenzahn
geschwind, geschwind, geschwind.
Mäusepfiff und Bärenspeck.
Du bist da und ich bin . . . weg.

3. Ich reite zu den Wolken
und ich spring ins weite Meer.
Ich kletter durch die Wälder
und komm von Süden her.
Mäusepfiff und Bärenspeck.
Du bist da und ich bin . . . weg.

4. Mein allerbester Freund
das ist der schwarze Mann,
der oben auf dem Schornstein steht
und Hexen leiden kann.
Mäusepfiff und Bärenspeck.
Du bist da und ich bin . . . weg.

5. Nur manchmal hat er Angst,
daß er bald einsam wär.
Dann springe ich aufs Dach hinauf
und tröste ihn gar sehr.
Mäusepfiff und Bärenspeck.
Du bist da und ich bin . . . weg.

6. Ich bin ein Hexenmädchen
und trage einen Hexenschuh.
Ich trage Hexenstrümpfe.
Was sagst du denn dazu!
Mäusepfiff und Bärenspeck.
Du bist da und ich bin . . . weg!

Frühlingswiesenaugenblick

Originaltonart: B

Der Ziegenbock

D A
Berg hin- auf kein stei- ler Ab- hang
D
hält ihn auf. Er kennt ein
G D
Plätz- chen in der Fer- ne, das hat der
A7 D
Bock zum Fres- sen ger- ne, und der ge-
F#7 h
hörn- te Grün- zeug- fres- ser schmatzt: 'Hier das
F#7 h
Gras schmeckt wirk- lich bes- ser', und der ge-
A7 D
hörn- te Grün- zeug- fres- ser schmatzt: 'Hier das
F#7 rit. h
Gras schmeckt wirk- lich bes- ser.'

Ich war am Morgen frohgelaunt

Originaltonart: B

Die zwei Flöhe

2. Wir hüpfen um die Wette:
von Herrn Schlamms Sonntagshut
auf den Dutt von Tante Nette.
Allez hopp, was sind wir gut.
Rutschen wir dann froh und munter
ihren langen Rücken runter.
Kitzeln die Tante in den Achseln
bis sie lacht, daß es kracht.

3. Wir ziehen auf Safari
fort in ein fernes Land.
Der dicke Dackel Waldi
ist der Reitelefant.
Und werden wir abends müde
machen wir den letzten Hopser
in einen alten warmen Fuchspelz.
Gute Nacht – schlaf sacht.
Hans Pantsching und Franz Pantschong.
Ping Pang Pung, Pang Ping Pong.

Ein Fisch mit Namen Fasch

(Im Sprechgesang vortragen. Siehe LP - Die Rübe) Text: B. Brecht

1. Es war einmal ein Fisch mit Namen Fasch,
der hatte einen weißen Asch.
Er hatte keine Hände zum Arbeiten nicht
und er hatte keine Augen zum Sehen im Gesicht.
In seinem Kopf war gar nichts drin
und er hatte auch für nichts einen Sinn,
er kannte nicht das Einmaleins
und von allen Ländern kannte er keins.
Er war nur der Fisch Fasch
und hatte eben seinen weißen Asch.

2. Und wenn die Leute ein Haus bauten
und wenn die Leute Holz hauten
und wenn die Leute einen dicken Berg durchlochten
und wenn die Leute Suppe kochten,
dann sah der Fisch Fasch ihnen stumpfsinnig zu.
Und wenn sie ihn fragten:
Und was machst du?
Dann sagte er:
Ich bin doch der Fisch Fasch
und dies hier ist mein weißer Asch.

3. Gingen sie aber am Abend in die Häuser hinein,
dann ging der Fisch Fasch hinter ihnen drein.
Und wenn sie sich setzten zum Ofen, nanu,
dann setzte sich der Fisch Fasch auch dazu.
Und wenn die Suppe kam auf den Tisch,
dann saß da gleich mit einem großen Löffel ein Fisch
und rief ganz laut: Jetzt esset rasch.
Dann zeige ich euch meinen weißen Asch.

4. Da lachten die Leute und ließen ihn mitessen
und hätten wohl auch seine Faulheit vergessen,
wenn nicht eine Hungersnot gekommen wäre
und zwar keine leichte, sondern eine schwere.
Und jetzt mußte jeder etwas bringen für die Hungersnot.
Der eine brachte ein Stück Käse, der andere eine Wurst,
der dritte ein Brot.
Nur der Fisch Fasch brachte nichts als den Löffel mit.
Das sahen einige Leute, sie waren grad zu dritt.

5. Und da fragten sie mal den Fisch Fasch:
Na und du,
was gibst uns jetzt eigentlich du dazu?
Und da sagte der Fisch Fasch:
Ja, wenn ich vielleicht meinen weißen Asch . . .
Aber da wurden die Leute zum erstenmal
sehr bitter zu dem Fisch Fasch
und redeten mit ihm plötzlich ganz basch
und warfen ihn mal rasch
durch die Eichentür und verhauten ihm draußen
seinen weißen Asch.

Zu Bertold Brecht und seinen Kinderliedern

Für Bertold Brecht waren Kinderlieder anscheinend eine gefällige Nebensache. 1920 notierte er in sein Tagebuch:

„Da konnte ich auf dem Heimweg abends das 'Kinderlied vom Brot' und einige andere Kinderlieder machen" (B. Brecht, 1975, S. 24).

1950 schrieb er:

„„. . . fertige in kleinen Büscheln Kinderlieder für Eisler an. Silberschmiedekunst“ (Ebd.)

In Brechts Erinnerungen an die Kindheit spielen Kinderlieder ebenfalls keine besondere Rolle:

„Was ich in meiner Kindheit singen hörte, waren lange Lieder von edlen Räubern und billige Schlager. Hierbei freilich klang noch, verwischt und depraviert, Altes mit, und es wurde auch noch mitgedichtet“ (B. Brecht, 1967, S. 504/505).

Brecht erinnerte sich hier eben nicht an Kinderlieder, sondern an solche, die eigentlich für Erwachsene bestimmt waren. Gerade das, was noch geheimnisvoll und nur halb verständlich und ganz und gar nicht für das Kind bestimmt war, hatte seine Wirkung und wird noch nach Jahren erinnert. Das heißt nicht, daß er überhaupt keine Kinderlieder und -reime gehört hat. Aber die bewußte Erinnerung an sie ist nicht da, sie sind möglicherweise in sein Verhalten, Denken und Fühlen eingegangen und werden in der Entwicklung des Sprachgefühls für den Kinderton reaktiviert. Aber so wie in Brechts Erinnerung keine strenge Trennung zwischen Kinder- und Erwachsenenlied auftritt, so spricht er später in seinen ’Kinderliedern’ nicht nur Kinder – und in denen für Erwachsene nicht nur Erwachsene an. Brecht sah im Kind bereits den zukünftigen Erwachsenen, der zum kritischen Denken und zur Teilnahme an den sozialen Auseinandersetzungen herangezogen werden mußte. Demgegenüber betonte er auch für Erwachsene die Notwendigkeit, lebenslang zu lernen und an neue Situationen mit neuen Ideen heranzugehen. Insofern waren für ihn auch Erwachsene Lernende wie die Kinder.

Lied vom Baumwollkäfer

Text u. Musik: trad./F. Vahle

2. Der kleine schwarze Käfer
kam von Mexiko herauf,
den weiten Weg nach Texas,
der Käfer gab nicht auf.
He is looking for a home,
he is looking for a home.
(Und der sucht sein Heim)

3. Das erste Mal, als ich den Käfer sah,
saß er auf dem Dorfplatz drauf.
Das zweite Mal, verdammt noch mal,
seine ganze Familie auch.
They were looking for a home,
they were looking for a home.
(Suchten ein Zuhaus)

4. Und der Farmer fing den Käfer
und sperrt ihn in den Eisschrank ein.
Doch der Käfer rief im Eisschrank:
Hier ist es kühl und fein.
It's just like home,
it's just like home.
(Fast wie zu Haus)

5. Und der Farmer nahm den Käfer
und vergrub ihn im heißen Sand.
Und der Käfer rief: Hier ist es ziemlich heiß,
doch ich halt' aus wie ein Mann.
It's just like home,
it's just like hime.
(Fast wie zu Haus)

6. Und der Käfer sagt zum Farmer:
Hau ab, laß mich in Ruh!
Ich freß deine Baumwolle weg wie nix
und auch dein Korn dazu.
I'm looking for a home,
I'm looking for a home.
(Ich such eine Zuhaus)

7. Und der Farmer kam zu seiner Frau
und war ganz rot vor Wut:
Der Käfer fraß ein Riesenloch
in meinen besten Sonntagshut.
He is looking for a home,
he is looking for a home.
(Der sucht ein Zuhaus)

8. Und dann kam noch der Händler
und der Farmer, der saß da,
ein einziger Baumwollballen
war die Ernte dieses Jahr.
Und der war klein und schmal
und der war klein und schmal.

9. Ja, der Käfer fraß das meiste
und der Händler nahm den Rest.
und der Farmersfrau blieb nur ein Baumwollkleid,
das sich nicht mehr flicken läßt,
mit vielen Löchern drin,
mit vielen Löchern drin.

10. Und fragt euch irgendjemand:
Wer hat dieses Lied gemacht?
Dann sagt ein armer Farmer, der keine Farm mehr hat.
He is looking for a home,
he is looking for a home.
(Und der sucht ein Heim)

In den USA gibt es Gegenden, in denen fast ausschließlich Baumwolle angepflanzt wird. Taucht hier im Frühling ein Baumwollkäferpärchen auf, so kann es bereits am Sommerende 12 Millionen Nachkommen haben. Und die fressen dann so lange, bis nichts mehr von der Baumwolle übrigbleibt. Das „Lied vom Baumwollkäfer" haben zuerst die schwarzen Plantagenarbeiter im Süden der USA gesungen. Sicherlich haben auch sie unter der Baumwollkäferplage gelitten. Aber es könnte sein, daß sie für den Käfer im Lied auch etwas übrig hatten. Der wird ja – genau wie sie – verfolgt, muß alles mögliche durchstehen und ist immer auf der Suche nach einer Heimat. In einer anderen Fassung des Liedes heißt es:

Und wenn irgendjemand eucht fragt:
Wer hat dies Lied gemacht?
Dann sagt ihm: Es war ein alter Neger
mit Leinenhosen an.
Der hat kein Zuhaus,
der hat kein Zuhaus.

Die Tante

Text u. Musik: trad./F. Vahle

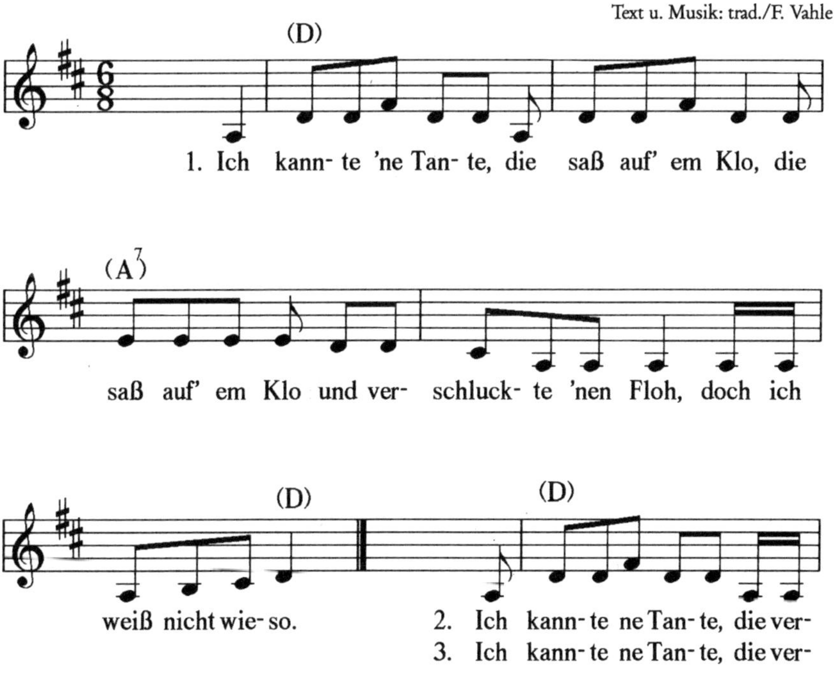

2. Ich kannte ne Tante, die verschluckte ne Spinne,
wie schrecklich, doch sie verschluckte die Spinne.
Sie sagte: Die Spinne, die fängt den Floh.
Denn der kitzelt mich so, denn der kitzelt mich so,
der kleine Floh.

3. Ich kannte ne Tante, die verschluckte nen Spatz.
Es war eine Hatz, doch sie schluckte den Spatz.
Sie sagte: Der Spatz, der fängt die Spinne.
Sie sagte: Die Spinne, die fängt den Floh.
Denn der kitzelt mich so, denn der kitzelt mich so,
der kleine Floh.

4. Ich kannte ne Tante, die verschluckte ne Katze,
vom Kopf bis zur Tatze verschwand die Katze.
Sie sagte: Die Katze, die fängt den Spatz.
Sie sagte: Der Spatz, der fängt die Spinne.
Sie sagte: Die Spinne, die fängt den Floh.
Denn der kitzelt mich so, denn der kitzelt mich so,
der kleine Floh.›

5. Ich kannte ne Tante, die verschluckte nen Hund.

Sie öffnete den Mund und weg war der Hund.
Sie sagte: Der Hund, der fängt die Katze.
Sie sagte: Die Katze, die fängt den Spatz.
Sie sagte: Der Spatz, der fängt die Spinne.
Sie sagte: Die Spinne, die fängt den Floh.
Denn der kitzelt mich so, denn der kitzelt mich so,
der kleine Floh.

6. Ich kannte ne Tante, die verschluckte ne Kuh,
ihr glaubt das ist Schmuh, doch sie schluckte die Kuh.
Sie sagte: Die Kuh, die fängt den Hund.
Sie sagte: Der Hund, der fängt die Katze.
Sie sagte: Die Katze, die fängt den Spatz.
Sie sagte: Der Spatz, der fängt die Spinne.
Sie sagte: Die Spinne, die fängt den Floh.
Denn der kitzelt mich so, denn der kitzelt mich so,
der kleine Floh.

7. Doch dann hatte die Tante im Bauch so'n Druck
und sie hat alle Tiere wieder ausgespuckt.
Und da stand die Kuh und sagte: Muh!
und Katze und Hand, die warn gesund,
und Spatz und Spinne, die warn wieder froh.
Nur einer fehlte: Der kleine Floh.

Erfahrungen mit dem Lied in der Kinderklinik Gießen (Station Peiper)

Ein Lied, das die Kinder immer wieder wünschten, war das von der Tante, die auf dem Klo sitzt und einen Floh verschluckt. Auch dieses Lied – nach einer englischen Vorlage geschrieben – enthält schwarzen Humor. Um den Floh wieder loszuwerden, verschluckt die Frau eine Spinne, dann einen Spatz, eine Katze, einen Hund und schließlich eine Kuh. Dann bekommt sie Magendrücken, spuckt alles wieder aus und ist so heil und gesund wie die Tiere, die sie verschluckt hat.
Zunächst wunderte es mich, daß die Kinder auf der Station anders als die Kinder sonst dieses Lied immer wieder hören wollten. Es war sicherlich kein entlastendes, harmlos-lustiges Lied, sondern eins, das eine groteske Situation darstellt, bei der „normale" Kinder häufig Ekel- und Abscheureaktionen zeigen. Dann aber wurde mir klar, daß die Kinder auf der Station im Rahmen der Chemotherapie ja auch viel „schlucken" müssen, dabei bis an den Rand körperlicher Verträglichkeit für Medikamente kommen und sich natürlich wünschen, dies alles so heil und gesund zu überstehen wie die „Tante" im Lied.
Die Kinder konnten also an dieses Lied ein eigenes, alltägliches Problem in bildhafter Form abarbeiten. Das Lied enthielt kein Spiegelbild, keine Beschreibung ihrer Situation, aber es konnte bestimmte Vorstellungen und Phantasien bei den Kindern in Hinsicht auf ihre eigene Situation aktivieren und eine über das Medium Lied evozierte Auseinandersetzung damit ermöglichen. – Hieran anschließend ließen sich eine Reihe mehr *therapeutisch* orientierte Lieder und Geschichten konzipieren, die den Kindern in bildhaft-indirekter Form (die Distanz und Identifikation zugleich ermöglicht) eine Auseinandersetzung mit ihren eigenen Problemen eröffnen. Mit einigen Liedern und Geschichten habe ich dies versucht. Ein Weiterverfolgen dieses Ansatzes wäre jedoch nur in der Zusammenarbeit mit einem Therapeuten möglich gewesen.

Die Katze

2. Der Bauer hat einen Traum, der sich lohnt.
Er schießt die Katze auf den Mond
und hat die Kanone gut durchgeladen,
soll doch der Mondmann die Katze haben.
Die Katze schnurrt am Morgen sehr laut
und hat in der Küche die Bratwurst geklaut.

3. Der Bauer, der ärgert sich gar zu sehr.
Er fährt los und wirft die Katze ins Meer.
Er freut sich zu Hause: Die Katze ist weg!
Frau, bring mir Bier und Kartoffeln mit Speck.
Die Frau wird am Morgen als erste wach
und schmunzelt: Wir haben Besuch auf dem Dach.

Das Lied vom Ei

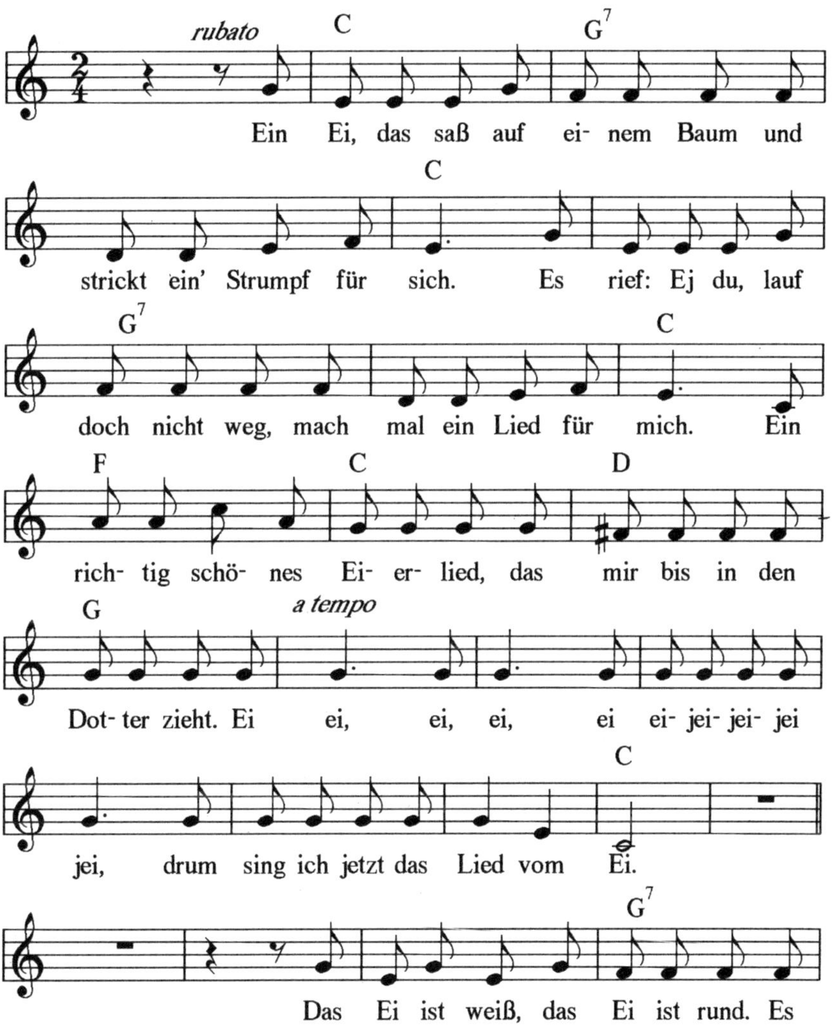

C
ist vom Huhn und nicht vom Hund. Der Hahn, der al- te
G7 C
Schrei- er, der legt nur krum- me Ei- er. Das
D G D
Kü- ken sitzt im Ei und denkt: ich komm nicht raus, ist
G
doch ge- schenkt. Ei ei, ei ei, ei
ei- jei- jei- jei jei. Ich bleib' in mei- nem
schö- nen, fe- sten, war- men, wun- der- ba- ren
C
Hüh- ner- ei.

Das Lied vom Ei

2. Das Ei ist weiß, das Ei ist rund.
Es ist vom Huhn und nicht vom Hund.
Der Hahn, der alte Schreier,
der legt nur krumme Eier.
Das Küken sitzt im Ei und denkt:
Ich komm nicht raus, ist doch geschenkt.
Ei, ei, ei, ei, ei eijeijeijeijei.
Ich bleib in meinem schönen, festen
warmen, wunderbaren Hühnerei.

3. Kaum ist das Kind auf dieser Welt,
geht das Geeier los.
Ei deidi, deidi, deidi dei,
doch ist es erst mal groß,
dann stört es dieses eididei,
dann denkt es sich schon bald dabei.
Ei, ei, ei, ei, ei eijeijeijeijei.
Wann ist dieses Eididei vorbei.

4. Es war einmal ein König,
der wünschte sich man sei
zu ihm sehr brav und vorsichtig,
wie zu nem rohen Ei.
Doch als ihm eins am Backen hing
verfluchte er das selbe Ding.
Ei, ei, ei, ei, ei eijeijeijeijei,
dies Ei ist eine Schweinerei.

5. Die Hühner auf der Hühnerfarm
sind auf den Bauer sauer.
Da kommt er ja schon wieder an,
der alte Eierklauer.
Sie können nicht zurück noch vor.
Schon kakeln alle los im Chor.
Ei, ei, ei, ei, ei eijeijeijeijei,
das geht uns auf die Eier.

6. Das Küken drin im Hühnerei,
das wär am Ende doch gern frei.
Es pickt, sodaß die Schale springt.
Das schöne weiße Ei ist hin.
Ein dottergelbes Ding kommt raus
und piept: Das Lied vom Ei ist aus.
Ei, ei, ei, ei, ei eijeijeijeijei,
das Lied vom Ei ist jetzt vorbei.

Im Hofe steht ein Pflaumenbaum – Lieder von der Natur

Der Pflaumenbaum

Text: B. Brecht

2. Der Kleine kann nicht größer wer'n
   ja größer wer'n, das möcht er gern,
   's ist keine Red davon,
   er hat zuwenig Sonn.

3. Den Pflaumenbaum glaubt man ihm kaum,
   weil er nie eine Pflaume hat
   doch er ist ein Pflaumenbaum,
   man kennt es an dem Blatt.

Warum ist der kleine Pflaumenbaum einerseits von Menschen bedroht und warum sind andererseits wieder Menschen da, die ihn beschützen? In was für einer Gegend hat der Pflaumenbaum wohl gestanden? Ist nur der Pflaumenbaum davon betroffen, wenn hier so wenig Sonne hinkommt? Der Pflaumenbaum bringt es noch nicht einmal zu einer Pflaume; trotzdem lassen ihn die Leute stehen. Warum?

Anmerkung zum Lied vom Pflaumenbaum

Es kann ganz vordergründig gesungen und verstanden werden, so wie andere Lieder für kleine Kinder auch. Aber es steckt mehr darin. Der kleine Pflaumenbaum braucht Zuwendung und Schutz, um zu existieren. Etwas Kleines ist da lebendig, das oft übersehen wird, aber trotzdem wachsen möchte, auch wenn es keinen unmittelbaren Nutzen bringt. Der Text kann also auch eine Anregung zur mitfühlenden Teilnahme für das Kind sein. Das Kind wiederum kann darin etwas von sich selbst erkennen. Außerdem ist von einem Stück Natur die Rede, das in einer von Menschen beherrschten und zugebauten Welt, wenn überhaupt nur durch Schutz und Pflege existieren kann. Der Baum liefert keine Erträge, doch ohne ihn wäre der Hof grauer. Es würde etwas fehlen, was die Welt, gerade da wo es nicht mehr erwartet wird, etwas farbiger und lebendiger macht. An dieser Stelle schließlich kann man auch an Poesie und Kunst denken, die ja auch keinen unmittelbaren Nutzen bringen. So einfach ist also ein einfaches Kinderlied, wie Brecht es schreibt.

Windfreunde

Text: Paula Dehmel

2. Wenn der Wind durch die Sträucher und Bäume fegt,
feg ich mit;
die Blütenkätzchen feg ich zuhauf
und setz mit vom Ahorn ein Nasenhütchen auf,
susewitt, susewitt.

3. Wenn der Wind durch die Turmlöcher singt und pfeift,
pfeif ich mit;
sein Jodler wird mir gar nicht schwer,
und den Brummbaß lern ich nebenher,
susewitt, susewitt.

Die zwei Wurzeln

Text: Ch. Morgenstern

2. Was droben in den Wipfeln rauscht,
das wird hier unten ausgetauscht.

3. Ein altes Eichhorn sitzt dabei
und strickt wohl Strümpfe für die zwei.

4. Die eine sagt: knig. Die andre sagt: knag.
Das ist genug für einen Tag.

Zu Christian Morgenstern

Unter den bekannteren Autoren zu Beginn des 20. Jahrhunderts war es Christian Morgenstern, der sich in einer Reihe von Gedichten und Liedern an Kinder wandte. Ähnlich wie bei Hoffmann von Fallersleben bestand auch bei Morgenstern ein Spannungsverhältnis zwischen dem, was er für Kinder und dem, was er für Erwachsene schrieb. In der Einleitung seines bekanntesten Werkes findet sich folgende Widmung:

„Dem Kind im Manne (1905)

Im echten Manne ist ein Kind versteckt: das will spielen (Nietzsche)

Dem Kind im Menschen

In jedem Menschen ist ein Kind verborgen, das heißt Bildnertrieb und will als liebstes Spiel- und Ernst-Zeug nicht das bis auf den letzten Rest nachgearbeitete Miniatür-Schiff, sondern die Walnußschale mit der Vogelfeder als Segelmast und dem Kieselstein als Kapitän. Das will auch in der Kunst mit-Spielen, mit*schaffen* dürfen und nicht so sehr bloß bewundernder Zuschauer sein. Denn dieses 'Kind im Menschen' ist der unsterbliche Schöpfer in ihm (. . .)" (Christian Morgenstern, Zur 15. Auflage (1913), 1913/1958, S. 7).

Es folgten dann allerdings nicht seine Kinderlieder und -gedichte, sondern die „Galgenlieder", die sich als in geselligem Kreise entstandene Nonsensepoesie an das „Kind im Erwachsenen", nicht aber an die realen Kinder richteten. Gleichwohl haben die „Galgenlieder" eines Morgensterns, sowie die teilweise aufmüpfigen Reime von Richard und Paula Dehmel und später von Ringelnatz die Entstehung von nicht moralisierenden, unterhaltsam-hintergründigen Nonsenseliedern für Kinder gerade in der jetztigen Zeit beeinflußt. Inzwischen (1974) wurde sogar eine Reihe der „Galgenlieder" in eine Anthologie mit Kinderlyrik übernommen: (H. Heckmann/M. Krüger, 1974, S. 330-337, z. B. „Das Mondschaf" und „Der Nachtschelm und das Siebenschwein".)
Was könnte Kinder bzw. heutige Autoren, die für Kinder schreiben, an diesem Bereich von Morgensterns Lyrik reizen? – Zunächst wohl seine dem kindlichen Umgang mit Sprache verwandte, aber nicht identische sprachspielerische Eigenwilligkeit. Hier werden in spontanem Zugriff Wortbildungsmuster genutzt, um Worte zu bilden, die es noch nicht gibt und damit auf Gegenstände und Wesen hinzuweisen die ganz aus der nicht zweckgebundenen Vorstellungskraft heraus zu geheimnisvoll geistigem Leben im Niemandsland zwischen Galgenberg und Mond erweckt werden. Da gibt es ein Galgenkind, einen Wasseresel, einen Schluchtenhund, ein Siebenschwein und viele andere mehr.
Zum anderen wird bei Morgenstern ein dem spielenden Kind verwandter Umgang mit Alltagsgegenständen sichtbar. Sie werden zu Wesen, die Geist, Gefühle und Stimme bekommen. Morgenstern entwickelt eine besondere Form von poetischen Animismus, in dem einläßliche Vertrautheit und melancholisch-ironische Anteilnahme am 'Schicksal' dieser Dingwesen deutlich wird. Und immer wieder kommt hinter der vordergründigen Komik und Verfremdung ab- und hintergründige Menschenweisheit zum Vorschein. Hauptfiguren solcher Gedichte sind dann z. B. ein Seufzer, ein Schnupfen, ein Korbsessel, ein Butterbrotpapier, eine Unterhose . . .
Und schließlich spielt hier auch das zeitweilige, aber sehr deutliche Bedürfnis der Kinder nach Gruseligem, Makabren, Moritatenhaftem eine Rolle. (Siehe die heutige Vorliebe der Kinder für Batman und Dracula!) Morgenstern kommt dem entgegen, indem er über weite Strecken dieses Bereichs keine leichtfüßig nur spielerische Nonsenselyrik schreibt, sondern Wesen aus dem Hinter-, Ober- und Untergründigen herbeizitiert, komisch bis gespenstische Geistwesen, die wie die Figurenwelt einer Religion des Numinösen wirken: Das Mondschaf, der Rabe Ralf, die Henkersmaid, das Galgenkind, die Mitternachtsmaus u. a. Und über all das sagt er sehr treffend:

Magst es Kinderrache nennen
an des Lebens tiefem Ernst,
wirst das Leben besser kennen,
wenn du es verstehen lernst.

Radlers Seligkeit

Text: R. Dehmel

2. Wie herrlich lang war die Chaussee!
Gleich kommt das achte Feld voll Klee.
Ich radle, radle, radle.

3. Herrgott, wie groß ist die Natur!
Noch siebzehn Kilometer nur.
Ich radle, radle, radle.

4. Einst suchte man im Pilgerkleid
den Weg zur ewigen Seligkeit.
Ich radle, radle, radle.

5. So kann man einfach mit den Zehn
den Fortschritt des Jahrhunderts sehn.
Ich radle, radle, radle.

6. Noch Joethe machte das zu Fuß, und
Schiller ritt den Pegasus.
Ick radle!

Der Kastanienbaum

2. Und er wurde größer ... Knospen, Blüten, Blätter,
wurde ein Kastanienbaum, trotzte Wind und Wetter.
Und im Mai, da steckt er Blütenkerzen an,
die man auf dem Rudolfsplatz leuchten sehen kann.
//: Glaubt man kaum, glaubt man kaum, so ein wunderschöner Baum //:

3. Ja den Baum vom Rudolfsplatz haute keiner weg.
Und die Leute freuten sich: Was ein schöner Fleck!
Aber an den Rudolfsplatz baute Herr von Schwinn
aus Beton und Stahl und Glas ... so ein Hochhaus hin.
//: Glaubt man kaum, glaubt man kaum, grad vor den Kastanienbaum //:

4. Schwinn schickt welche mit der Axt, als es Winter war,
aber um den kahlen Baum saßen Leute da.
und die ließen niemand durch. Das wär doch gelacht,
nein aus unserm Baum wird kein Kleinholz draus gemacht.
//: Glaubt man kaum, glaubt man kaum, wundert sich der kahle Baum //:

5. Herr von Schwinn, der gab nicht auf, holt die Polizei
unter dem Kastanienbaum gab's ne Keilerei.
Doch die Oma Kruse sagt: Das muß vor Gericht!
So wie der Herr Schwinn das macht, geht das einfach nicht!
//: Glaubt man kaum, glaubt man kaum, wundert sich der kahle Baum //:

6. Ja die Richter brauchten lang. So verging die Zeit.
Bald stand der Kastanienbaum da im Frühlingskleid.
Alle sahn den schönen Baum: Nein, der kommt nicht weg.
denn wir brauchen alle so einen grünen Fleck.
//: Glaubt man kaum, glaubt man kaum, lachte der Kastanienbaum //:

7. Hintern hoch und ab die Post, rumdibumdibum,
tanzten alle Leute da, um den Baum herum.
Und da tanzte auch ganz sacht, ach, man glaubt es kaum,
mitten auf dem Rudolfsplatz ein Kastanienbaum.
//: Glaubt man kaum, glaubt man kaum, da tanzt ein Kastanienbaum //:

Pu Pam und Pam Pu

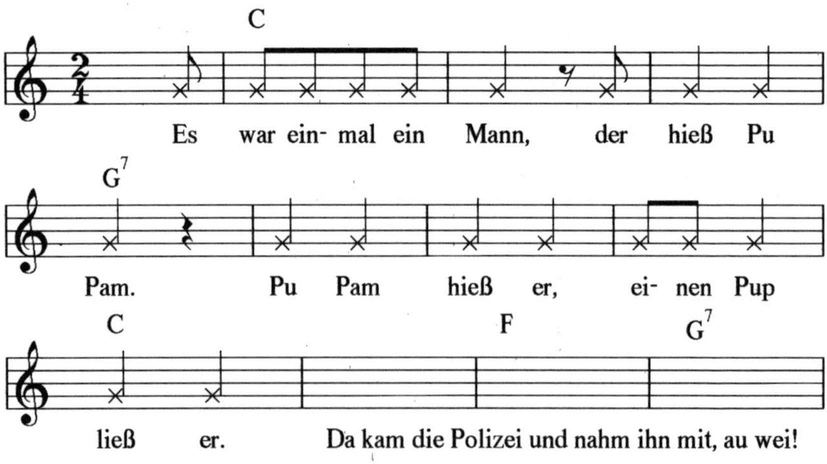

2. Der Richter sprach: Der Bösewicht
verstänkre unsre Umwelt nicht.
Er kommt jetzt rein ins finstre Loch,
sonst stinkt der Kerl auch morgen noch.
Wenns alle machten, so wie er,
gäb's bald kein frisches Lüftchen mehr.
Denn vor des Magens Eigennutz
kommt allemal der Umweltschutz!

3. Es war einmal ein Mann,
der hieß Pam Pu.
der machte sein ganzes Leben lang
Schmu.
Er hatte ne große Fabrik vor der Stadt
und hinter seiner Villa ein Luxusbad.
Doch die Abwässer von seiner Fabrik,
die flossen stinkend zum Fluß zurück.

4. Dem Bürgermeister war das nicht
geheuer,
doch dachte er an die vielen Steuern,
die die Fabrik der Gemeinde brachte,
Pam Pu saß in seiner Villa und lachte
und sagte: So schnell mach ich keinen
Stuß.
Mein Geld das stinkt nicht,
allerhöchstens der Fluß.

Merke:
Den ersten schmissen sie ins Loch.
der zweite, der stinkt heute noch.

Viele Lieder, die ihr im Kindergarten oder in der Schule lernt, handeln von der Natur: vom Frühling, von der Sonne, von Wiesen, Bächen und Flüssen. Früher war das alles etwas ganz Normales, und wer Zeit genug hatte, konnte die Natur nach Herzenslust genießen. Heute müssen die Menschen dagegen kämpfen, daß nicht immer mehr von ihrer natürlichen Umwelt zerstört wird. – Wenn einer im Wald ein Tempotaschentuch wegwirft, sieht man das sofort und kann ihm sagen: Heb' das auf! Wenn einer aus seiner Fabrik giftige Abwässer in den Fluß leitet, sieht man das nicht sofort, und es ist schwierig, den Täter anzuklagen. Deshalb werden oft die kleinen Umweltverschmutzer bestraft, und die großen kommen ungeschoren davon. – Dieses Lied (und auch das vom „Fischteich") wurde für Aktionen gegen die Umweltverschmutzung geschrieben.

Erntelied

Text: R. Dehmel

2. Es stockt der Wind im weiten Land,
viele Mühlen stehn am Himmelsrand.
Mahle, Mühle, mahle!

3. Es kommt ein dunkles Abendrot,
viel arme Leute schrein nach Brot.
Mahle, Mühle, mahle!

4. Es hält die Nacht den Sturm im Schoß,
und morgen geht die Arbeit los.
Mahle, Mühle, mahle!

5. Es fegt der Sturm die Felder rein,
es wird kein Mensch mehr Hunger schrein.
Mahle, Mühle, mahle!

Wolkenlied

G C E
o- ben wer- de ich den Wind auf sei- ne
d E Flöte a
kal- ten Plu- ster- ba- cken küs- sen.
Und ich lauf
G C
ein- fach hoch, da kenn ich nix. Ganz wei- ße
E a
Schäf- chen-wol- ken kit- zeln mir die Fü- ße. Und brin- gen
G C a
mir von tau- send Blu- men- wie- sen die
E d E
al- ler- schön- sten wei- ßen Wol- ken- grü- ße.

2. Die grauen Regentrudelwolken rücken an.
Wenn die mal losheuln, tropft die halbe Welt.
Wenn die mal bös' sind donnert's los und kracht,
bis kalter Hagel auf die Blütenblätter fällt.

3. Die kleine Abendwolke aber auch,
die in der Ferne bei der Sonnenkugel steht.
Der schau ich zu und liege auf den Bauch,
wenn sie mein Freund, der Wind, nach Süden weiterweht.

4. Der große Himmel hat für alle Wolken Platz.
Nur eine Wolke darf sich nie erheben,
die aus der Bombe kommt – von Menschen ausgedacht –
und niederfällt und quält und tötet alles Leben.

5. Wir haben alle anderen Wolken lieb,
die uns begleiten durch das ganze Leben,
die ständig wechseln und vorüberziehn
und uns hier unten Mut für neue Träume geben.

Wieviel Lieder weiß der Wind

Text und Musik: F. Vahle

e h e
Da stehn die Pap- peln am Ran- de der Stadt, zei- gen
G D G a
stolz in den Him- mel hin- ein. Lauf' ich zu ih- nen,
G H7
sag: Gu- ten Tag! Als sie schon groß wa- ren,
e a
war ich noch klein. Und ich hö- re,
e D
hö- re, hö- re, wie im Wind ein Lied ent-
e a
steht, wenn er flüs- ternd sil- ber-
e H7 e
blätt- rig durch die ho- hen Pap- peln weht,
e
wenn er

2. Refr.: Wieviel Lieder weiß der Wind? . . .
Da steht der Kiefernwald auf dem Sand
barfuß und neugierig lief ich hinein.
Trat ich auf Kiehnäpfel, weinte ich nicht,
nannte mich tapferes Schneiderlein.
Und ich höre, höre, höre,
wie im Wind ein Lied entsteht,
wenn er nadelfein und sanft
durch den Duft der Kiefern weht.

3. Refr.: Wieviel Lieder weiß der Wind? . . .
Da stehn die Eichen vorm Himmelsblau
borkenknorzig und sehr alt.
Als sie schon standen, war Großvater klein,
da stehn die Eichen, ein ganzer Wald.
Und ich höre, höre, höre,
wie im Wind ein Lied entsteht,
wenn er rauchend kräuseltönig
durch die Eichebäume weht.

4. Aus den Bäumen weht der Wind
soviel Lieder zu mir her.
Stürzt der Baum und stirbt der Wald,
hört man auch ihr Lied nicht mehr.

Alte, gute Mutter Erde

Originaltonart: D

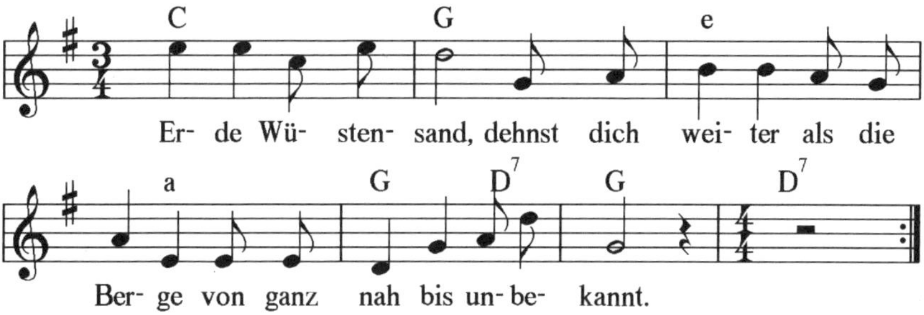

2. Erde, Erde nach dem Regen,
bleib von meinen Schuhen weg,
hälst mich fest mit schweren Händen
und ich komme kaum vom Fleck.

3. Manchmal sehe ich dich noch,
so als wäre nichts geschehn,
doch in manchen Schreckensbildern
kann man schon dein Ende sehn.

4. Du willst nicht zerstückelt werden,
nicht erobert nicht zerbombt,
gibst den Menschen Raum zum Leben,
weißt das Gute von dir kommt.

5. Alte, gute Mutter Erde,
weiß doch wer, daß es dich gibt.
Alte, gute Mutter Erde,
es tut gut, wenn man dich liebt.

Mamas Freund –
Lieder von der Liebe

Kinderreim

Text und Musik: trad.

die Liste fiel in'n Dreck, Dreck, Dreck,
da war mein Name weg, weg, weg,
da lief ich schnell nach Haus, Haus, Haus,
zu meinem Onkel Klaus, Klaus, Klaus,
der lag ja schon im Bett, Bett, Bett,
bei seiner Frau Elisabeth,
Elisabeth, die schämte sich,
und zog die Decke über sich,
die Decke hat ein Loch, Loch, Loch,
da sah ich sie ja doch, doch, doch.

Als Susi noch ein Baby war

Text und Musik: trad.

2. Als Susi in der Schule war ...
   Herr Lehrerr, ich weiß was,
   die Schule ist doof!
   Als Susi dann schon achtzehn war ...
   Küssen ist in, Süßer!
   Als Susi dann schon Mutter war ...
   Och, mein kleiner süsser du!
   Als Susi dann schon Oma war ...
   mein Kreuz!
   Als Susi dann im Sarge lag ...
   Wo issen der Lichtschalter?

Schornsteinfeger ging spazieren

Originaltonart: Ab

Musik: trad./Vahle Text: trad.

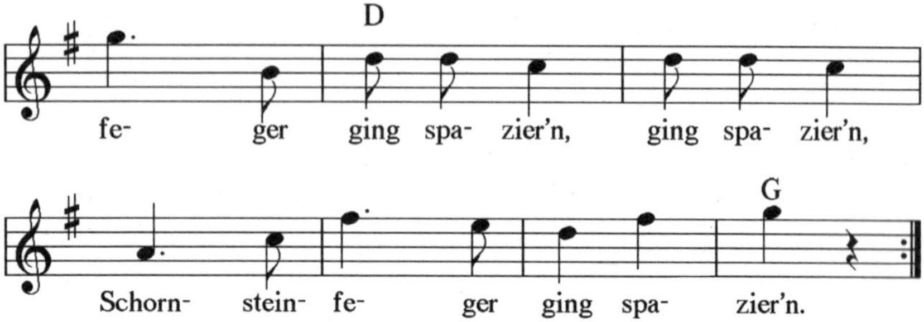

Kam er vor ein schönes Haus,
kam er vor ein schönes Haus, schönes Haus,
kam er vor ein schönes Haus.

Schaut ein schönes Mädchen raus,
schaut ein schönes Mädchen raus,
Mädchen raus,
schaut ein schönes Mädchen raus.

Mädchen willst du mit mir geh'n,
Mädchen willst du mit mir geh'n,
mit mir geh'n,
Mädchen willst du mit mir geh'n?

Muß zuerst die Mutter fragen,
muß zuerst die Mutter fragen, Mutter fragen,
muß zuerst die Mutter fragen.

Mutter darf ich mit ihm geh'n?
Mutter darf ich mit ihm geh'n,
mit ihm geh'n,
Mutter darf ich mit ihm geh'n?

Mußt zuerst den Vater fragen,
mußt zuerst den Vater fragen, Vater fragen,
mußt zuerst den Vater fragen.

Vater darf ich mit ihm geh'n?
Vater darf ich mit ihm geh'n, mit ihm geh'n,
Vater darf ich mit ihm geh'n?

Nein mein Kind, das darfst du nicht!
Nein mein Kind, das darfst du nicht,
darfst du nicht,
nein mein Kind, das darfst du nicht.

Sprang sie schnell zum Tor hinaus,
sprang sie schnell zum Tor hinaus,
Tor hinaus,
sprang sie schnell zum Tor hinaus.

Schornsteinfeger hinterdrein,
Schornsteinfeger hinterdrein, hinterdrein,
Schornsteinfeger hinterdrein.

Reisten sie nach Afrika,
reisten sie nach Afrika, Afrika,
reisten sie nach Afrika.

Kriegten sie ein schönes Kind,
kriegten sie ein schönes Kind, schönes Kind,
kriegten sie ein schönes Kind.

Gingen sie ins Kaffeehaus,
gingen sie ins Kaffeehaus, Kaffeehaus,
gingen sie ins Kaffeehaus.

Kam die Mutter angerannt.
Kam der Vater angerannt.
Kam der Pfarrer angerannt.
Taufte sie mit Kaffeesatz.
Morgen soll die Hochzeit sein,
übermorgen noch einmal.

Von Liebeslyrik in der ersten deutschen Kinderliedersammlung

Clemens Brentano hat in die Kinderliedersammlung in 'Des Knaben Wunderhorn' auch solche Lieder mit aufgenommen:

Liebesliedchen

Mein Schätzle ist fein,
s' könnt feiner nit sein,
Es hat mir's versprochen,
Sein Herzle gehör mein.

(C. Brentano, 1808/1977, S. 333)

oder:

Vergiß mein nicht

Ist es nicht ein harte Pein,
Wenn Liebende nicht beysammen seyn?
Drück mich fest in dein Herz hinein,
Wachsen heraus Vergiß nicht mein.

(Ebd., S. 336)

Diese und andere Liebeslieder hat Brentano also ohne Bedenken in seine Kinderliedersammlung übernommen, vielleicht auch aus einer Haltung heraus, die die Grenzen zwischen Kindern und Erwachsenen noch nicht so deutlich zog.
Da Kinder auch sexuelle Bedürfnisse haben, da sie ineinander, bzw. in Erwachsene „verliebt" sein können und außerdem das Werbe- und Liebesverhalten von Erwachsenen nachahmen und eigenständig gestalten, spricht es weiter dafür, daß sich solche Liebeslieder in eine Kinderliedersammlung nicht nur verirrt haben. (Solche Verse finden sich später auch in den Poesiealben der Kinder.) In diesem Kontext ist es interessant, einen Blick auf die Kinderliedtradition eines anderen Landes zu werfen: Liebesromanzen, Ritter- und Königsballaden, in denen es um Liebe und auch um Tod geht, bildeten seit jeher einen Teil der traditionellen spanischen Kinderlieder und werden auch von kleineren Kindern auf ihre Weise verstanden und gesungen (B. Gil (Hrsg.), Cancionero infantil, 1974). Wahrscheinlich zeigen die spanischen Kinderlieder in dieser Hinsicht noch einen ursprünglicheren Entwicklungsstand als die häufig bearbeiteten deutschen Kinderlieder.
Manche der harmlosen Liebeslieder hat Brentano verändert, um sie zu Kinderlie-

dern zu machen. Er tauschte zu diesem Zweck verschiedene Worte miteinander aus (vornehmlich „Schätzelein“ oder „Liebchen“ gegen „Kindelein“), veränderte aber sonst nichts, und schon war aus dem „Liebeslied“ ein „Kinderlied“ geworden:

„Was hilft mir ein roter Apfel,
wenn er innen faul ist;
Was hilft mir ein schön's Kindlein ('Schätzelein')
Wenn sein Herzlein falsch ist.“

(C. Brentano, 1808/1977, S. 337).

Ein anderes bekanntes Beispiel ist das Lied 'Kommt ein Vogel geflogen'. Hier wurde das Wort 'Liebste' durch 'Mutter' ersetzt. (Das Lied stammt jedoch nicht aus der Brentano'schen Sammlung.) Ein weiterer von Brentano überarbeiteter Kinderliedtext lautet:

„Herzig's Kindlein, Zuckermündlein ...
willst du mich, so thu mich holen.“

(ebd. S. 335)

In diesem Zusammenhang ist es interessant, daß auch in neuerer Zeit die Verwendung von alten Reimen und Liedern, in denen diese Thematik auch nur archaisch angesprochen wurde, auf Schwierigkeiten stieß. In den 20er Jahren (dieses Jahrhunderts) hatte ein Lehrer (E. Schneider) alte Kinderlieder und Kinderreigen gesammelt und diese in einer literarischen Fibel zusammengestellt. Die Kinder nahmen diese Lieder und Reigen mit großer Begeisterung an. Ein Teil der Eltern jedoch lief gegen dieses „Saubuch“ Sturm. Mehrere hundert Unterschriften wurden gegen dieses Buch gesammelt. Dabei handelte es sich hier nicht um irgendwelche neue Erfindungen, sondern z. T. um uralte Lieder und Reigen. Aber in ihnen kommen Probleme zum Ausdruck, die auch für heutige Kinder noch wichtig sind:
„Wenn die Kinder Reigen spielen, die Motive von Brautwerbung, Hochzeit, Zeugung und Geburt enthalten, so beschäftigen sie sich mit jenen Fragen, die besonders in der Spielzeit, der ersten Pubertätszeit brennend sind“ (E. Schneider, in: W. Kaminsky, 1981, S. 230).

Daß solche und ähnliche Themen in der Kinderliteratur bzw. in „Liedern für Kinder“ häufig verdrängt werden, muß nach Schneider auf eine Einstellung zurückgeführt werden, die er „pädagogischen Infantilismus“ nennt,

„bei der sich der Erzieher in den Zielen und Mitteln der Erziehung nicht von den im Zögling liegenden Aufgaben, sondern von meist verdrängten affektiven Bindungen an die eigene Kindheit leiten läßt“ (ebd., S. 230).

Auch S. Bernfeld hat in seiner Kritik pädagogischer Einstellungen und Handlungen dieses Problem aufgegriffen:

„Wir wollen nicht übersehen, daß es Triebe, heftige infantile Wünsche sind, die der Verdrängung verfielen und durch die naive Anschauung über die Kindheit verdeckt werden. Und Triebe, infantile Wünsche sind unsterblich. Tausendmal verdrängt, sie bleiben lebendig, und unkenntlich entstellt in Form und Ziel, drängen sie unermüdlich nach Befriedigung. Auch im Pädagogiker. Auch während seines Denkens und Schreibens. Da ist einer, der – allein vom Wissen um seine eigene Kindheit geleitet – seine leidenschaftliche, triebwilde Kindheit verdrängend, zur Verherrlichung des idealen Kindes, der Kindheit als idealen Zustands gelangt“ (S. Bernfeld, 1925/1970, S. 33).

Ilse Bilse

Uih, was war der Koch da grob,
warf den Schuh nach ihrem Kopp
und dann noch 'n alten Knochen,
der hat ziemlich schlecht gerochen,
und zum Schluß ein schlimmes Wort.
Da lief Ilse Bilse fort,
lief der Koch gleich hinterher,
ach, was war das Herz ihm schwer.
Er rief, Ilse tut mir leid,
was ein bitter böser Streit:
Komm, wir wollen uns vertragen
und uns gute Sachen sagen,
über uns 're Macken lachen
und verrückte Dinge machen.
Danach aßen sie, potz blitz,
beide Hähnchen mit Pommes frites.
Küßten sich drei Stunden lang,
bis der Mond im Wald versank.

Mamas Freund

Originaltonart: A

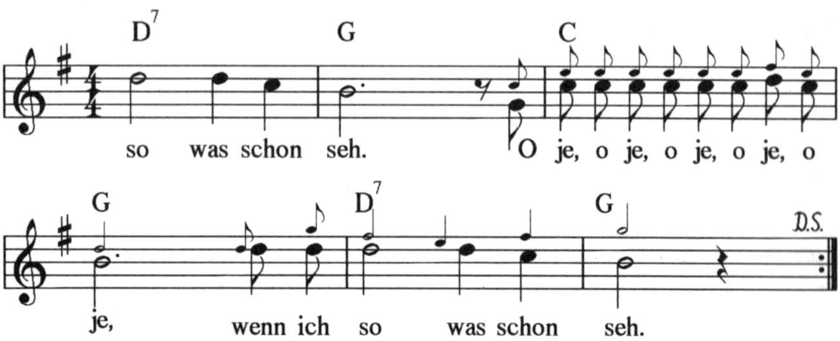

Mein Vater ist schon vier Jahre lang weg,
den seh ich nur alle drei Wochen
und als Mama, igitt, mit dem Kerl
ankam,
da hab ich mich einfach verkrochen.
O je, o je, o je, o je, o je,
wenn ich sowas schon seh.

3. Doch neulich stand die Küche kopf,
da hat uns die Mama erwischt.
Da kochte der gar nicht so komische Kerl
nämlich mein Lieblingsgericht.
Und Mama rief: o je, o je, o je, o je, o je,
wenn ich sowas schon seh.

4. Meine Mama, naja, die hat einen Freund.
Inzwischen find' ich das stark.
Ich glaub', daß der mich manchmal mehr,
mehr als meine Mama mag.
O je, o je, o je, o je, o je,
wenn ich sowas schon seh.

Ayşe und Jan

d A7
Es wa- ren ein- mal zwei Kin- der, die hie- ßen Ay- şe und
d
Jan. Sie wa- ren Nach- barn und
A7 d
kann- ten sich nicht. So fängt die Ge- schi- chte an.
F
Zu Ay- şe da sagt ih-re
C F
Mut- ter: "Geh nicht zu dem deut- schen Kind."
A7
Und Jan's Va- ter der schimpft auf die Tür- ken, weil
d g
das doch Aus- län- der sind. La, la, la, la, la, la,

2. So spielten die Kinder alleine ... ein jedes in seinem Hof.
Und beide Kinder fanden alleine spielen doof.
Und zwischendrin war eine Mauer ... ein undurchdringliches Stück.
Da hat Jan die Ayşe gerufen ... doch kam keine Antwort zurück.

Refrain: La, la, la, la, la, la, la ...

3. Da hat er mit Steinen geworfen und einer traf Ayşe am Kopf.
Da sind Ayşes Brüder gekommen und haben den Jan verkloppt.
Da ist der Jan ins Gebüsch dicht an der Mauer gekrochen
und hat geweint als hätten ihn selbst mehr als zwanzig Steine getroffen.

Refrain:

4. Doch da hat er plötzlich dicht neben sich in der Mauer ein Loch entdeckt.
Durch das hat sich eine kleine Hand mit einem Stück Kuchen gestreckt.
Da hat sich der Jan gewundert und fragte:
„Was ist das denn da?"
Und da sagte Ayşe ganz leise:
„Für dich ... ein Stück Baklava."

Refrain:

5. Und dann war der Jan bei der Ayşe und dann war die Ayşe beim Jan.
Sie machten das Mauerloch größer, so daß man gut durchkrabbeln kann.
Doch einmal hat Jans Vater nach seinem Sohn gefragt.
Und da hat unten im ersten Stock Oma Papenfuß gesagt:
„Der Jan hat vorhin bei den Türken, bei unseren Nachbarn gegessen
und hat mit der Ayşe zusammen eine Friedenstorte gegessen."

Refrain:

Jans Vater, der sagte: „Wie komisch!"
Und stieg die Treppe hinauf.
Von Kindern da kann man was lernen ... So hört die Geschichte auf.

Refrain:

Es gibt verschiedene Möglichkeiten, über dieses Lied zu sprechen. Oft haben wir die Schüler einfach gefragt, ob sie wissen, was „Baklava" ist, wie es schmeckt und wie es gemacht wird. Dann haben wir sie gefragt, was eine „Friedenstorte" ist und bei welcher Gelegenheit sie gegessen wird ... Was machen Angehörige anderer Völker, wenn sie sich vertragen haben, z. B. die Indianer? Wie machen das die Kinder bei uns? Von da aus kann man dann zum Hauptthema des Liedes überleiten.

An dem Weg, da steht ein Baum

Originaltonart: C

Vorspiel

Text: F. Vahle trad. / Musik: trad.

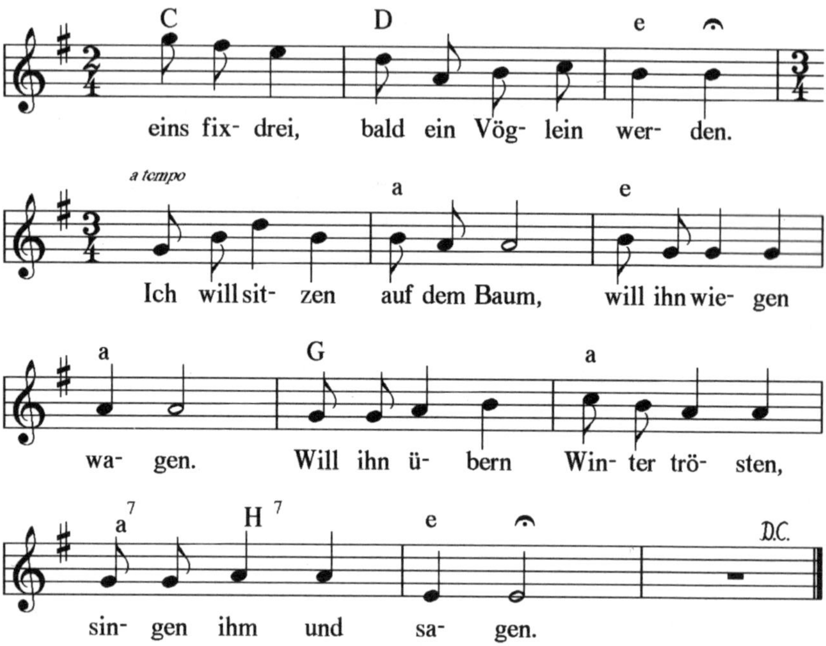

Weint die Mame: Nein mein Kind, will dich nicht verlieren.
Wirst ganz sicher auf dem Baum schon sehr bald erfrieren.
Sag ich: Mame, 's ist nur schad' um deine schönen Augen.
Ohne was und ohne wenn werd' ich zum Vöglein taugen.
Sagt die Mame: Hör' mein Kind, nimm um Gottes Willen,
nimm den langen dicken Schal, sollst dich nicht verkühlen.
Und die festen Schuhe auch, Winterzeit ist lang.
Zieh den warmen Mantel an, weh, wie ist mir bang.
Und das Winterleibchen auch. Kalt ist es auf Erden.
Wenn du willst nicht an dem Frost elendig versterben.
Will jetzt fliegen, bin so schwer, von den vielen Sachen,
die die Mama angetan, dem Vögelein, dem schwachen.
Schau ich traurig vor mich hin und in Mames Augen,
konnte ihrer Liebe wegen nicht zum Vöglein taugen.
An dem Weg, da steht ein Baum, steht da ganz verloren.
Alle Vögel von dem Baum haben sich verflogen.

Die sanfte Pute

D G
auf den Wek- ker." Der Ka- ter sagt zu
D A7
sei- ner Kat- ze: "Ist ganz schön scharf, die
D
Kat- zen- tat- ze."
G D rit.
Der
D A7
Trut- hahn sagt nur: "Schau, die Gu- te, da
G A D
kommt sie, mei- ne sanf- te Pu- te."
G D A D

Amalie

Originaltonart: Eb

Er fragte vor der Tür den Hund,
der sagte nur: Ein Huhn, na und?
Dann fragte er im Stall das Pferd:
Ein Huhn, was ist ein Huhn schon wert?!
Und auf der Wiese sprach die Kuh:
Laß mich mit deinem Huhn in Ruh!
Und endlich fragte er die Maus,
die sprach: Es lief zum Dorf hinaus.
Wo ist Amalie, rief der Mann,
daß ich sie endlich finden kann?
Da sagten ihm im Wald die Ziegen:
Es ist wohl auf den Berg gestiegen.
Und auf dem höchsten Berg im Land,
da war 's, wo er Amalie fand.

Zugvogel

e a
lau- fen. Ich hör- te ihn schon dicht
G F
hin- ter mir ganz fürch- ter- lich knur- ren und
E F#13/E
schnau- fen.
E F#13/E
E a
Da plötz- lich fing ich zu
e7 a
flie- gen an, war ein Vo- gel, mich dür- ste- te
e7 d E
sehr, ich flog aus der Wü- ste mit
d E F ritardando G'
letz- ter Kraft und fiel in das tief- blau- e

C
rubato
Meer. Und als ich er- wach- te
G F G7
war ich ein Fisch, konn- te schwim- men und das war
C a tempo F
gut. Ich wuß- te, jetzt kom- me ich
C G7
doch noch zu ihr und schwamm durch die rau- schen- de
1 C 2 C
Flut. Ich Flut. Doch die
e
Steil- kü- ste kam, nichts als har- ter Stein und ich
f#
muß- te hin- auf in den Nor- den. Es
e
blieb mir nichts an- der- es üb- rig, ich bin ... ein

a
Zug- vo- gel bin ich ge- wor- den. Dann
rubato
e
kam ich zu ihr und war wie- der Mensch, stand
a e
end- lich vor ih- rem Haus. Sie
a G F E
sag- te: Du riechst ja nach Wü- ste und Meer und
d F E a tempo
siehst wie ein Zug- vo- gel aus. Jetzt
C ritardando F C
will sie mit mir auf Rei- sen gehn, wo wir
G7 C
zwei noch nicht wa- ren und das fin- de ich schön.

Märchenreise

2. Ich trug einen Rock aus grünem Samt
und rote Blumen im Haar.
Ich ritt durch einen Zauberwald,
wo ich Licht in der Ferne sah.

3. Da saß ein Drache im Mondenschein,
ganz einsam und traurig war er,
ich streichelte ihm seine Drachenhaut
und das, das freute ihn sehr.

4. Er wurde mein Freund, doch da kam ein Prinz, schwang sein Schwert, um mich zu befrein. Ich rief: Ich bin keine Prinzessin
und das muß wohl ein Irrtum sein.

5. Doch er riß mich einfach auf sein Pferd
und hauchte: Bald sind wir ein Pärchen!
Jetzt strampel nicht rum. Das ist eben so
in jedem anständigen Märchen.

6. Oh Schreck, er wurde ein riesiger Frosch
und ich wie eine Fliege klein.
Ich schrie und floh so schnell es nur ging
tief in den Wald hinein.

7. Doch da nahm jemand meine Hand und
hat sie ganz zärtlich gedrückt.
Guten Morgen sagt Vater, die Sonne scheint.
Ich gähne, bin froh und zurück.

Der Toaster und die Weißbrotscheibe

2. Bei dir wird mir warm, hat der Toaster gesagt.
Ich beginne zu glüh'n nur für dich.
Du wirst seh'n, die Liebe macht schön und du bist
bald braun und sehr knusperig.

3. Jetzt bist du ganz mein, hat der Toaster gesagt,
spürst du nicht meine Liebesglut?
Die Weißbrotscheibe stöhnte nur: Ach,
soviel Liebe, das tut mir nicht gut.

4. Nichts hält mich mehr, hat der Toaster gesagt,
meine Glut ist so wunderbar.
Die Weißbrotscheibe stöhnte nur noch
bis sie schwarz und spröde war.

5. Du zerstörst meinen Ruf, hat der Toaster gesagt.
O Unglück, o Elend, o Jammer.
Es war wirklich so: Sie kam auf den Müll
und er in die Abstellkammer.

Porta aperta – Lieder von anderswo

Porta aperta

Italienisches Volkslied

Porta aperta per chi porta
chi non porta parta pur!
Che non importa aprir la porta
parta, parta pur!
(langsamer Teil)
Che la porta e aperta per chi porta,
chi non porta parta, parta, parta (Ende)
chi non porta, parta, parta, parta pur!

Die Worte zu diesem Kanon sind ein italienischer Zungenbrecherreim. Ins Deutsche übertragen würden sie etwa folgendes bedeuten:

Tür auf, für den, der was bringt!
Wer nichts bringt, soll gefälligst weitergehen.
Denn es ist nicht wichtig, die Tür aufzumachen,
(Wer nichts mitbringt)
verschwinde, verschwinde gefälligst!

Paule Puhmanns Paddelboot

2. In Portugal, da winkte uns
die Anabela zu.
Die fragte: „Darf ich mit euch mit?"
„Na klar, was denkst denn du!"
Bom dia, adeus!
Guten Tag, auf Wiedersehn!
Bom dia, adeus!
Guten Tag, auf Wiedersehn!

3. In Spanien war es furchtbar heiß,
da stieg der Pedro zu.
Der brachte Apfelsinen mit,
die aßen wir im Nu.
Buenos dias, hasta la vista!
Guten Tag, auf Wiedersehn!
Buenos dias, hasta la vista!
Guten Tag, auf Wiedersehn!

4. Und in Italien war'n wir auch,
da kam die Marinella.
Die brachte Tintenfische mit
auf einem großen Teller.
Buon giorno, arrivederci!
Guten Tag, auf Wiedersehn!
Buon giorno, arrivederci!
Guten Tag, auf Wiedersehn!

5. Als wir in Jugoslawien war'n,
kam einer angeschwommen,
und der hieß Janko Jezovsek.
Wir ham ihn mitgenommen.
Dobar dan, dovi dschenja!
Guten Tag, auf Wiedersehn!
Dobar dan, dovi dschenja!
Guten Tag, auf Wiedersehn!

6. Und rund um den Olivenbaum
da tanzten wir im Sand.
Wir nahmen den Wasili mit,
das war in Griechenland.
Kalimera, jassu, jassu!
Guten Tag, auf Wiedersehn!
Kalimera, jassu, jassu!
Guten Tag, auf Wiedersehn!

7. Dann fuhr'n wir weiter übers Meer
bis hin in die Türkei.
von da an war'n auch Ahmet und
die Ayşe mit dabei.
Merhaba, güle, güle!
Guten Tag, auf Wiedersehn!
Merhaba, güle, güle!
Guten Tag, auf Wiedersehn!

Inzwischen habe ich noch diese beide Strophen in das Lied eingefügt:

Und auch in Frankreich waren wir,
da kam zu uns der Jean,
der brachte guten Käse mit
und duftende Croissants.
Bon jour, au revoir!
Guten Tag, auf Wiedersehn!
Bon jour, au revoir!
Guten Tag, auf Wiedersehn!

Und als wir dann in Moskau war'n,
da stand Natascha da,
die wärmte uns mit heißem Tee
aus ihrem Samowar.
Sdrastwuitje, doswidanja!
Guten Tag, auf Wiedersehn!
Sdrastwuitje, doswidanja!
Guten Tag, auf Wiedersehn!

Übungen zum Lied:

Vorbereitung des Liedes

Das Lied erzählt von einer Reise im Paddelboot, auf der sich deutsche und ausländische Kinder begegnen und begrüßen:

2 Portugal/Anabela: "Bom dia!" – "Adeus!"

3 Spanien/Pedro: "Buenos dias!" – "Hasta la vista!"

4 Italien/Marinella: "Buon giorno!" – "Arrivederci!"

5 Jugoslawien/Janko: "Dobar dan!" – "Dovi dschenja!"

6 Griechenland/Wasili: "Kalimera!" – "Jassu!"

7 Türkei/Ahmet und Ayse: "Merhaba!" – "Güle, güle!"

8 Frankreich/Jean: "Bon jour!" – "Au revoir!"

9 Moskau/Natascha: "Sdrastwuitje!" – "Doswidonja!"

Vor dem Anhören des Liedes können die einzelnen Situationen der Reise an einer Landkarte erklärt werden. Auch das, was die Kinder in den einzelnen Strophen machen (z. B. Pedro bringt Apfelsinen mit, Marinella Tintenfische, Janko kommt angeschwommen usw.), sollte vorab besprochen werden.
Wenn Zeit und Möglichkeit besteht, kann das Lied auch gemalt werden. Je ein Schüler übernimmt eine Strophe. Die Bilder sollten so groß sein, daß sie von allen in der Klasse gesehen werden können. Beim Vorspielen des Liedes werden die einzelnen Bilder gezeigt. Mit Hilfe der Landkarte und der Illustrationen läßt sich am ehesten ein Globalverständnis des Liedes erreichen.

Anhören und Singen des Liedes

Rückfragen über die Inhalte der einzelnen Strophen, Details anhand der Textvorlage klären. Beim Selbersingen können einzelne Schüler oder Schülergruppen die jeweiligen Strophen übernehmen. Die zweite Wiederholung des Kehrreims singen alle gemeinsam.
In dem Lied geht es um Begrüßung und Verabschiedung in den verschiedenen Sprachen. Falls die Muttersprache Ihrer Schüler nicht vertreten ist, sollte sie auf der ersten Seite noch hinzugefügt werden. (Siehe hierzu auch D 1, S. 16).

Übungssspiel zum Lied

Die Kinder stellen sich im Kreis auf. Ein Kind fängt an und sagt einen Gruß, zum Beispiel „Guten Tag“. Dann wirft es einem anderen Kind einen Ball oder einen anderen Gegenstand zu. Dieses Kind muß dann mit dem Abschiedsgruß in der entsprechenden Sprache antworten. Dann sagt es einen Gruß in einer anderen Sprache und wirft den Ball weiter . . .

Vornamen

In dem Lied werden verschiedene Vornamen genannt (Anabela, Pedro, Marinella, Janko, Wasili, Ahmet, Ayşe). Der eigene Vorname hat für ein Kind besondere Bedeutung. In jedem Land gibt es bestimmte Typen von Vornamen (Namen nach Königen, Heiligen, Propheten usw., „sprechende“ Namen, die bestimmte Eigenschaften angeben/Kurzformen/Übernahmen aus anderen Sprachen). Es ist sinnvoll, die Vornamen der Schüler einmal zu sammeln und so weit wie möglich zu erklären (Quellen: Angaben der Schüler, Übereinstimmung mit gemeinsprachlichen Begriffen, Vornamenlexikon).

Deutsche Kinder und Erwachsene haben zum Beispiel oft Schwierigkeiten mit den Vornamen der türkischen Kinder. Der spanische Vorname „Mercedes“ wird von deutschen Kindern oft verspottet. (Der Vorname wurde zur Benennung einer Automarke benutzt.)
Als Beispiel einige Vornamen von türkischen Kindern:

Mädchen	Jungen	
Türkan – von türkischer Abstammung	Isik – Licht	
Bahar – Frühling	Deniz – Meer	
Isil – Glanz, Helligkeit	Kurt – Wolf	
Gül – Rose	Savaş – Krieg	
Yıldiz – Stern	Barıs – Frieden	
Barıs – Frieden	Ahmet	Namen von Propheten und Kriegern
	Mustafa	
	Mehmet	

Entsprechend lassen sich auch deutsche oder Vornamen aus anderen Ländern erklären.

Ein „Klassenlied“

Aus dem Lied kann man auch ein „Klassenlied“ basteln, in dem verschiedene Kinder aus der Klasse vorkommen. Dazu braucht man die Vornamen, die Länder oder Regionen, aus denen die Kinder kommen. Je nachdem kann man neue Handlungen dazunehmen oder die Handlungen im Lied wiederholen. Als Vorlage eignet sich besonders die 2. und 3. Strophe, zum Beispiel:

In Amsterdam, da winkte uns
Annemareke zu.
Die fragte: „Darf ich mit euch mit?“
„Na klar, was denkst denn du!“
. . .

In Kopenhagen war es kalt,
da stieg Knud Knudsen zu.
Der brachte heißen Tee an Bord,
der wärmte uns im Nu.

Die folgenden Strophen entstanden in Lehrerfortbildungsgruppen.

Im kalten Grönland waren wir auch, da kam der Eskimo,
der brachte viele Fische mit, die aßen wir dann roh.
Nasen reiben, das ist schön für „guten Tag – auf Wiedersehn".

In Afrika waren wir auch, da war es furchtbar warm.
Da stieg der Muntubila zu, Banane unter'm Arm.
Jambo, Jambo, Massa Massa.

Und in Saarbrücken kam an Bord der Oskar, flott und fit.
Er brachte für die Mannschaft dort Weck und Lyoner mit.
Morje, morje, tschüs, salü.

Und in der Wüste war'n wir auch, da kam der Abdul-Abbah.
Er brachte Kokosnüsse mit, da hatten wir zu knabbern.
Salem aleikum inschallah, guten Tag – auf Wiedersehn.

In China stand Herr Ching, Chang, Chung,
der wollte mit zur See.
Er aß den Reis mit Stäbchen gern
und trank dazu den Tee.
Hikau – Seid jen – guten Tag – auf Wiedersehn.

Und im Traumland war'n wir auch und schliefen alle ein.
Ein Träumchen sprang ins Bett herein, es wollte bei uns sein.
Schlafe süß, schnarch nicht so laut, guten Tag, auf Wiedersehn.

Spielen des Liedes

Das „Boot" wird aus Stühlen oder Bänken aufgebaut. Die Rollen (Kinder aus verschiedenen Ländern) werden verteilt. Neue Handlungen können hinzukommen. Beim Rollenspiel sollte nicht nur das Grüßen, sondern auch Verständigung, erste Kontaktgespräche und das Miteinander bei gemeinsamer Tätigkeit entwickelt werden. Nach und nach füllt sich das Boot.
Das Boot kann auch lediglich mit einer Stange oder einem Strick angedeutet werden und mit immer mehr Kindern von Station zu Station ziehen.

Elefant (Intro)

Ein Elefant, ja der balancierte

Text: trad./Vahle / Musik: trad.

2. Zwei Elefanten, die balancierten auf
einem Spinnen-,
Spinnennetz. Da riefen sie: Hussa, es hält!
Da holen wir
die Silke jetzt.

3. Drei Elefanten, die balancierten auf
einem Spinnen-,
Spinnennetz. Da riefen sie: Hussa, es hält!
Da holen wir
die Dilekt jetzt.

4. Neun Elefanten, die balancierten auf
einem Spinnen-,
Spinnennetz. Da riefen sie: „Jetzt ist
endlich Schluß!
Aber was machen wir denn jetzt?“

5. Dann machten sie stop . . . und legten
sich hin. Und haben zu laufen aufgehört
und machten in dem Spinnennetz ein
Elefantenschnarchkonzert.

Internationaler Text

Spanisch:

Und elefante se balaceaba
sobre la tela de una araña.
Cuando veía, que resistía
fue a Ilamar un camarada.

Tres elefantes se balanceaban
sobre la tela de una araña.
Cuando veían, que resistía,
fueron a Ilamar a un camarada.

Italienisch:

Cinque elefanti hanno bilanciato
sopra una ragnatela.
Quando vedevano, che resisteva
Anno chiamato una amica.

Serbokroatisch:

Šest, Šest, slona bala-, balansiraju
na jednoj pau-, paučini,
trube i zovu: Gle ovo drži
sad cémo dovest našu prijateljicu.

Griechisch (Aussprache):

Efta Elefandes kratun isoropia
epanno ße mias arachnis dichti
efonasan krata dinata
nathi ifilia: mas epanno.

Türkisch:

Sekiz tane fil sallanıy orlardı,
örümcek, bis örümcek ağında,
bagıriyorlardı: Yasasin saglam
getirelim arkadaşımızı da.

Portugiesisch:

Quatro elefantes que balancavam
numa teia de aranha
vendo que esta resistia
foram buscar companhia.

Schwedisch:

Fem Elefanter dom balancerar
på ett Spindel - Spindel - nät
då ropar de: Hurra de håller
nu kann vi hämta våra älskade.

Russisch:

pjatch, pjatch slanów
kadschálies na wetke
w tonenkoi pa-u pa-u tinke
wdrug sakritschali - mui bui paswáli
naschich prijádeley - sasedey.

Englisch:

Three big elephants
all are balancing
on a spiders skinny net
and then they shouted: Whoopy it holds!
We are fetching one of our friends now.

Französisch:

Quatre éléphants se balançaient
sur une toile d'araignée.
Jls s'écrièrent: Hourra, ça tient
nous allons chercher notre ami.

Luxemburgisch:

Een Elefant jo, dee balancéiert
op engem Spanne - Spannenetz.
Dat fiirt net futti, yuppi et hält
elo gin ech meng Frendin sichen.

Chinesisch:

Wu dsi da yon ksiang
tamen so gang sche
sche sche schu sche schu sche schu wang tschang
tamen han jau hau hau pu poa.

Spielanleitung:

Die Kinder bilden einen großen Kreis. Mit Kreide wird ein Spinnennetz auf den Boden gezeichnet, evtl. eine alte Matratze in die Mitte gelegt. Zuerst bewegt sich nur ein Kind auf dem Spinnennetz zur Mitte zu, mit jeder Strophe wird ein weiteres Kind in den Kreis geholt. Wenn nur noch ein Kind übrig ist, gibt es das 'Elefanten-Schnarch-Konzert'. Statt der Namen im Lied sollen die Namen der Kinder eingesetzt werden.

Variationen

(1): Das Elefantenlied kann man auch spielen. Ein Kind macht den ersten Elefanten. Die linke Hand wird als Rüssel nach vorne gestreckt. Die rechte Hand wird so durch die Beine gestreckt, daß der Elefant, der als nächster dazukommt, diese Hand mit seiner linken Hand ergreifen kann. Der zweite Elefant streckt dann wieder seine rechte Hand durch die Beine, so daß der dritte anfassen kann. So geht es weiter und von Strophe zu Strophe wird die trampelnde Elefantenschlange länger.

(2): Als Spinnennetz kann auch das in I.A.1. beschriebene Garnnetz dienen, das vorsichtig mit den Stuhlbeinen befestigt wurde (Zitatangabe, S. 31).

Frau Maria – Δεν Περνας Κυρα Μαρια

Griechisch – deutsch

Griechische Fassung

2. θα υπαγω εις τους κηπους δεν περνω. περνω
   Da impago is tuß kipuß, denn perno, perno
3. Τι θα κανεις εις τους κηπους: ...
   Ti da kanies is- tuß kipuß
4. θα μαζεψω δυο βιολετες ...
   Da masepo dio violetes
5. Τι θα κανεις τις βιολετες: ...
   Ti da kanieß tis violetes
6. θα τις δωσω στην καλη μου
   Da tis dosso stin kali mu
7. Και ποια ειναι η καλη σου: ...
   ke pia ine i kali su
8. Η καλη μου ειναι η ...
   I kali mu ine i ... (Vorname)

Deutscher Text:

FRAU MARIA

1. Wohin gehst du, Frau Maria, und kommst nicht bei uns vorbei?
   Wohin gehst du, Frau Maria, und kommst nicht vorbei?

2. Ich will in den Garten gehen und komm nicht bei euch vorbei.
   Ich will in den Garten gehen und komm nicht vorbei.

3. Was willst du im Garten machen . . .
   (usf. wie oben)
4. Da will ich zwei Veilchen pflücken . . .
5. Und was willst du damit machen . . .
6. Will sie meiner Freundin bringen . . .
7. Und wen hast du denn als Freundin . . .
8. Meine Freundin ist die . . . (Name) . . .
9. Und wen hast du noch als Freundin . . .
10. Meine Freundin ist die . . . (Name) . . .
11 Und wen hast du noch als Freundin . . .
12. Ja, das ist die ganze Klasse . . .

Variation:

„Wohin wandert Munkepunke“: Zum griechischen Volkslied, einem dort sehr bekannten Sing- und Tanzlied, gibt es auch folgende Spiel- und Singmöglichkeit.
Die Kinder stehen im Kreis, ein Kind tanzt als 'Munkepunke' um den Kreis herum. Die Klasse singt die erste Strophe, 'Munkepunke', die 2. dann jeweils abwechselnd. Ab Strophe 8 wird jeweils ein Kind nach dem anderen namentlich besungen und tanzt mit, bis nur noch ein Kind übrigbleibt, das dann 'Munkepunke' sein darf (Kl: Klasse, M: Munkepunke).

Kl.: Wohin wandert Munkepunke und kommt nicht bei uns vorbei? Wohin wandert Munkepunke und kommt nicht vorbei?
M.: Ich will bis nach Buxtehude und komm nicht bei euch vorbei. Ich will bis nach Buxtehude und komm nicht vorbei.
Kl.: Was willst du in Buxtehude . . . (usw. wie oben).

M.: Ich will einen Dackel kaufen . . .
Kl.: Und was willst du mit ihm machen . . .
M.: Will ihn meiner Freundin bringen . . .
Kl.: Und wen hast du denn als Freundin . . .

Beschreibung:

Die Kinder stehen im Kreis. Ein Kind tanzt außen um den Kreis herum. Die Kinder im Kreis singen die erste Strophe. Das Kind außen antwortet mit der zweiten Strophe. Wer singt, läuft im Kreis herum. Wer angesungen wird, bleibt stehen. Ab Strophe 8 wird dann ein Kind nach dem anderen aus dem Kreis herausgeholt und läuft außen herum mit, bis nur noch ein Kind übrig geblieben ist. Dieses Kind kann dann wieder von neuem anfangen und ist Frau Maria bzw. Munkepunke.

(Aus: J. Naegele, D. Haarmann: Darf ich mitspielen Weinheim, 1986

Tanzlied

Südamerik. Tanzlied, Musik: trad./F. Vahle

Hatziki, Zatziki, Baklava,
Bockwurst, Bierbauch, cha, cha, cha.
Güsümler, Tüsümler, Tumulum,
gleich gehts hier im Kreis herum.

Hatziki, Zatziki, cha, cha, cha,
eijei, jei, jei, jei,
wer tanzt denn da?
Güsümler, Tüsümler, Baklava,
ujui, jui, jui, jui,
wer singt denn da?

Kukuri kukuh
Kukuri kurikuh
Kukuri kukuh
kukuri kurikuh.
Kuku Rikukuh Rikukuh
Kukuri Kurikuri.
Rikuku Rikuku
Kukuri Kurikuri.

Tanzanleitung:

Im langsamen Teil stehen sich die Paare gegenüber. Die Hände in den Hüften. Während der Dreierfolge (auf „Baklava", „cha, cha, cha", „Tumulum" im Kreis herum usw.) wird gehüft und zwar so, daß abwechselnd der rechte und der linke Fuß nach vorn gestellt werden, in einer Art Wechselschritt. Beim schnellen Teil haken sich die Partner ein und tanzen im Kreis herum.

Die Katze Musulunga

Text: D. Alvarez - Concepcion/F. Vahle,

Musik: D. Alvarez - Concepcion

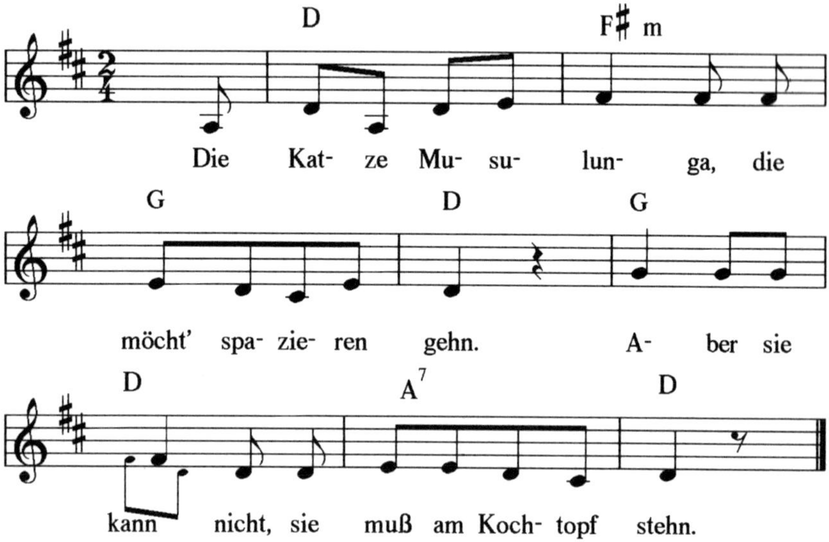

2. Die Katze Musulunga
möcht' in die Sonne gehn.
Aber sie kann nicht,
sie muß noch Hosen nähn.

3. Die Katze Musulunga,
die möcht' gern Sahne naschen.
Aber sie kann nicht,
sie muß noch Socken waschen.

4. Die Katze Musulunga
möcht' singen und laut lachen.
Aber sie kann nicht,
sie muß Pfannekuchen backen.

5. Die Katze Musulunga
möcht' übern Eckstein springen.
Aber sie kann nicht,
sie muß Schuh zum Schuster bringen.

6. Die arme Musulunga,
die möchte gerne ruhn.
Aber sie kann nicht,
sie hat soviel zu tun.

7. Der Kater Musulungo
kommt endlich auch nach Haus,
der Kater Musunlungo,
der hilft ihr endlich aus.

8. Und dann können beide
zusammen singen,
und dann können beide
übern Eckstein springen,
und dann können beide
zusammen lachen,
und dann können beide
Späßchen machen,
und dann können beide
noch soviel tun –
und dann können beide
zusammen ruhn . . .

Spielanleitung:

Die Kinder bilden einen Kreis. Ein Kind spielt in der Mitte die Katze Musulunga und stellt den Text der Strophe pantomimisch dar. Nach jeder Strophe bestimmt die jeweilige Katze eine Nachfolgerin und nimmt den freigewordenen Platz im Kreis ein. Bei Strophe 8 können alle Kinder zu zweit den Text darstellen.

Das Lied stammt ursprünglich aus Kuba:

Spanischer Text:

1. La gata Musulunga quiere pasear.
   Pero no puede tiene que trabajar.

2. La gata Musulunga quiere jugar.
   Pero no puede, tiene que lavar.

3. La gata Musulunga quiere correr.
   Pero no puede, tiene que coser.

4. La gata Musulunga quiere saltar.
   Pero no puede, tiene que limpiar.

5. La gata Musulunga quiere dormir.
   Pero no puede, tiene que zurcir.

6. La gata Musulunga quiere cantar
   pero no puede, tiene que cocinar.

7. La popre Musulunga quiere descansar
   pero no puede, tiene que planchar.

8. El gato Musulungo la vino a ayudar.
   El gato Musulungo comienza a trabajar.
   Y luego juntos podran paesear
   y luego juntos podran cantar,
   y luego juntos podran saltar,
   y luego juntos podran jugar
   y luego juntos podran descansar.

La Bella Polenta

Italienisches Volkslied,

Text: trad./F. Vahle, Musik: trad.

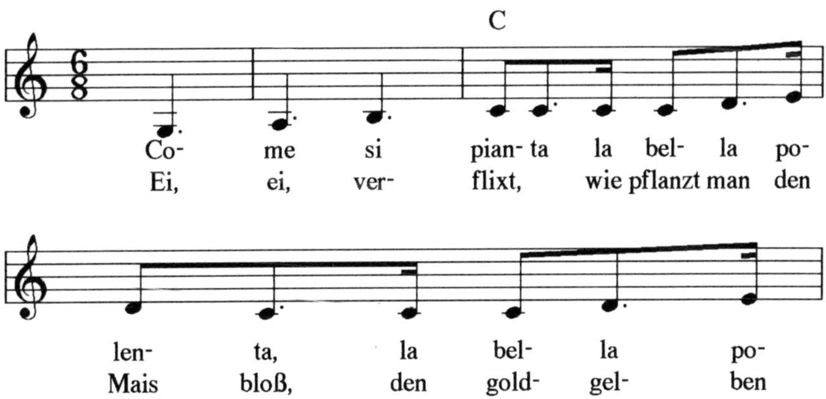

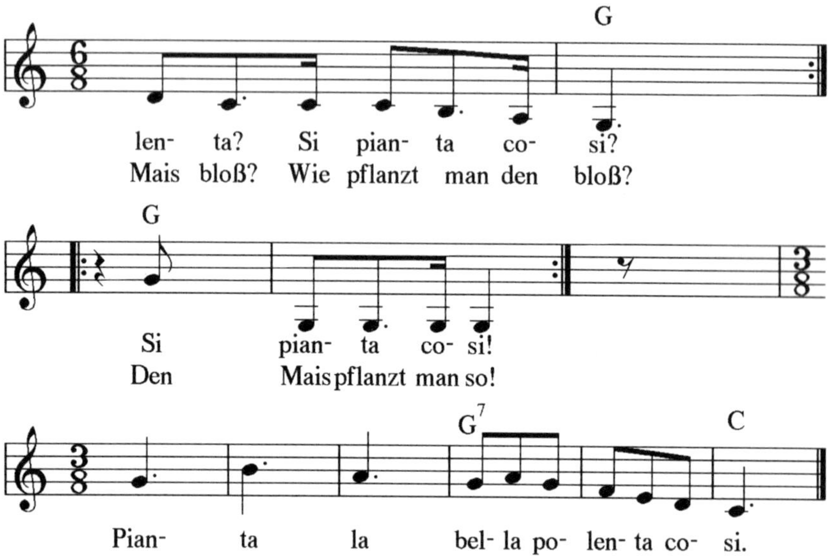

2. Come si cresce la bella polenta? La bella polenta si cresce cosi!
Ei, ei, verflixt, wie wächst denn der Mais bloß, der goldgelbe Mais bloß, wie wächst der Mais denn bloß?
Si pianta cosi! – Den Mais pflanzt man so!
Si cresce cosi! – Der Mais, der wächst so!
Cresce la bella polenta cosi!

3. Come fiorisce la bella polenta? La bella polenta fiorisce cosi!
Ei, ei, verflixt, wie blüht denn der Mais bloß, der goldgelbe Mais bloß, wie blüht der denn bloß?
Si pianta cosi! – Den Mais pflanzt man so!
Si cresce cosi! – Der Mais, der wächst so!
Fiorisce cosi! – Der Mais, der blüht so!
Fiorisce la bella polenta cosi.

4. Come si taglia la bella polenta? La bella polenta si taglia cosi!
Ei, ei, verflixt, wie schneidet man Mais bloß, den goldgelben Mais bloß, wie schneidet man den?
Si pianta cosi! – Den Mais pflanzt man so!
Si cresce cosi! – Der Mais, der wächst so!
Fiorisce cosi! – Der Mais, der blüht so!
Si taglia cosi! – Den schneidet man so!
Taglia la bella polenta cosi.

5. Come si cuoce la bella polenta? La bella polenta si cuoce cosi!
Ei, ei, verflixt, wie kocht man den Mais bloß, den goldgelben Mais bloß, wie kocht man den bloß?
Si pianta cosi! – Den Mais pflanzt man so!
Si cresce cosi! – Der Mais, der wächst so!
Fiorisce cosi! – Der Mais, der blüht so!
Si taglia cosi! – Den schneidet man so!
Si cuoce cosi! – Den Mais kocht man so!
Cuoce la bella polenta cosi!

6. Come si mangia la bella polenta? La bella polenta si mangia cosi!
Ei, ei, verflixt, wie mampft man den Mais bloß, den goldgelben Mais bloß, wie mampft man den bloß?
Si pianta cosi! – Den Mais pflanzt man so!
Si cresce cosi! – Der Mais, der wächst so!
Fiorisce cosi! – Der Mais, der blüht so!
Si taglia cosi! – Den schneidet man so!

Si cuoce cosi! – Den Mais kocht man so!
Si mangia cosi! – Den Mais mampft man so!
Mangia la bella polenta cosi.

Durch Handbewegungen kann man jeweils darstellen, was mit dem Mais geschieht:

Den Mais pflanzt man so – Körner in die Erde drücken.
Der Mais, der wächst so – Aufwärtsbewegung mit den Händen.
Der Mais, der blüht so – Die Hände stellen eine Blüte dar.
Den schneidet man so – Schneidebewegung
Den Mais kocht man so – Umrühren im Topf
Den Mais mampft man so – Eßbewegung

(Zwei Strophen, die bei diesem Lied sonst gesungen werden, haben wir ausgelassen,
5. Str.: Come si muola la bella polenta . . . Wie mahlt man den Mais?
8. Str.: come si gusta la bella polenta . . . Wie schmeckt denn der Mais?)

Edip

2. Edip ist hinaus gegangen,
hat das Spiel schon angefangen.
Nein der Türke kommt nicht rein.
Edip findet das gemein.

3. Edip ist nach Haus gegangen,
hat zu grübeln angefangen.
Möchte was machen ganz schlau und geschwind,
daß alle staunen und stolz auf ihn sind.

4. Er ist in die Stadt gelaufen.
Hat kein Geld und kann nichts kaufen.
Hat im Geschäft einen Fußball gesehen,
nagelneu und wunderschön.

5. Hat ihn heimlich mitgenommen.
Ist damit nicht weit gekommen.
Wurde bestraft, sehr hart und gemein.
Wollte Edip kein Edip mehr sein.

6. Dann beim Spielen fehlte einer.
Nur den Edip sah jetzt keiner.
Kam seine Schwester und hat alles erzählt:
Edip schämt sich. Edip fehlt.

7. Sind die Kinder zu Edip gegangen.
Edip das Spiel hat angefangen.
Komm mach mit! Drum sind wir hier.
Unser Ball gehört auch dir!

Tante Gerda

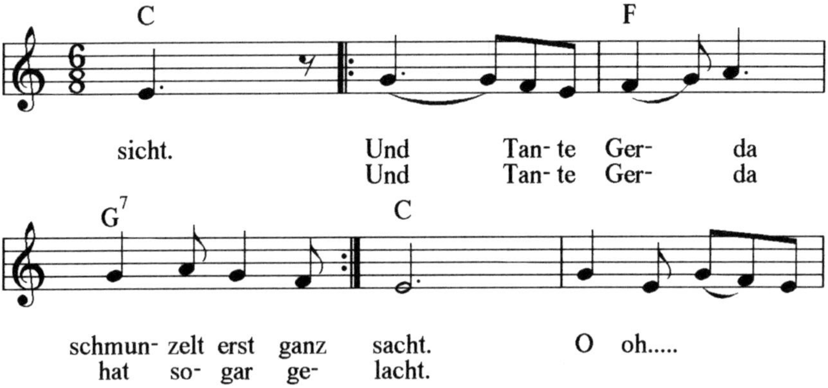

2. Ihr Neffe Giovanni, der kommt aus Italien
und hat ihr schon Kaffee gemacht . . .
Die Tante schaut schief . . .
Wie kommt's, daß der Kerl
schon so früh am Morgen lacht?

Refrain:

3. Giovanni läuft los, kauft einen Pullover
sehr warm, sehr kariert und giftgrün.
Der ist so schön lang und der reicht
Tante Gerda
vom Kinn bis zu den Knien.

Refrain:

4. Dann kocht er Spaghetti und Gerda, die kommt,
sehr hungrig und froh an den Tisch . . .
„Verdammte Spaghetti, wann hab ich euch nur
mit meiner Gabel erwischt?"

Refrain:

5. Giovanni, der sagt: „Ich schaffe es nicht,
daß meine Tante mal lacht."
Und das hat Giovanni, der immer was weiß,
so ganz ganz traurig gemacht.

Refrain: (gesummt)

6. Dann singt er ein Lied aus lauter Verzweiflung
und möchte niemand mehr seh'n . . .
(lalalalala)
Doch dann steckt die Tante den Kopf
durch die Tür:
„Wer singt denn hier so schön?"

Und Tante Gerda hat das Spaß gemacht.
Und Tante Gerda hat sogar gelacht.
„Oh, Tante Gerda, endlich freuste dich!
Oh, Tante Gerda, wie schön ist dein Gesicht!" –
„Oh, Tante Gerda, endlich freuste dich!
Oh, Tante Gerda, wie schön ist dein Gesicht!"

Var-Yok

Türkisches Volkslied,

Text: trad./F. Vahle / Musik: trad

1. Ekmek buldum katık yok – Katık buldum ekmek yok.
   Jetzt hab ich Brot, doch nichts dabei.
   Nun hab ich was, doch kein Brot, auwei.

2. Odun buldum kibrit yok – kibrit buldum odun yok.
   Jetzt hab ich Holz, kein Feuer dabei.
   Nun hab ich Feuer, doch kein Holz, auwei!

3. Para buldum cüzdan yok – Cüzdan buldum para yok.
   Jetzt hab ich Geld, doch kein Portemonnaie.
   Nun hab ich eins, doch kein Geld, o jeh!

4. Bir at buldum meydan yok – Meydan buldum bir at yok.
   Ich hab ein Pferd, keinen Platz dafür.
   Nun einen Platz, doch das Pferd fehlt mir.

Karga – der Rabe

Türkisches Volkslied,

Text: trad./F. Vahle / Musik: trad.

Wörtliche Übersetzung der türkischen Fassung

Rabe, Rabe, hat gack gemacht.
„Kletter auf den Ast!“ hat er gesagt.
„Rabe, halt dich fest.
(Die) Flügel rupfe ich (dir).“

Kawuras – der Krebs

1. Guck, der Krebs kommt angelaufen,
hat gejubelt und geschrien.
Holt die Trommel und die Flöte
und auch mein Tamburin.
Ja, der Krebs will heute tanzen
durch den Sand und durch die Nacht.
Kawuras ke kawuraki
kawurina kawuras.

2. Kommt die Qualle angewackelt:
Halt, ich möchte auch noch mit!
Und sie hängt sich an den Krebs dran,
und der kommt fast aus dem Tritt.
Ja, der Krebs will heute tanzen
durch den Sand und durch die Nacht.
Kawuras ke kawuraki,
kawurina kawuras.

3. Ruft der Krebs ist das 'ne Freude,
ruft der Krebs ist das ein Glück.
Ich kann tanzen wie ein König,
aber immer nur zurück.
Ja, der Krebs will heute tanzen
durch den Sand und durch die Nacht.
Kawuras ke kawuraki,
kawurina kawuras.

4. Und sie tanzten immer weiter
bis die Morgensonne schien,
klingt die Trommel und die Flöte
und dazu das Tamburin.
Ja, der Krebs will heute tanzen
durch den Sand und durch die Nacht.
Kawuras ke kawuraki,
kawurina kawuras.
La la la la . . .
. . . Ja, der Krebs will heute tanzen
durch den Sand und durch die Nacht.
Kawuras . . .

Dieses Lied klingt ungewohnt. Es enthält eigenartige Betonungen und Synkopen. Das Lied stammt aus Griechenland, und es kommen auch einige griechische Wörter darin vor: Kawuras – der Krebs; Kawurina – die Krebsin; Kawuraki – der kleine Krebs. Dieses Lied läßt sich gut durch Handtrommeln begleiten und auch tanzen. Vielleicht fragt ihr mal eure griechischen Mitschüler, ob sie euch den Tanzschritt zeigen können.

Drei Indios

Hm A
Zo- gen drei In- dios durch die ho- hen
Hm A
Ber- ge. Ü- ber al- len Tä- lern wan- dern sie da-
Hm Hm A Hm
hin.
Hm A Hm
Starr stehn die Fel- sen tau- send Ster- ne leuch- ten
Sitzen sie da Stun- den, Töp- fe zu ver- kau- fen.
A Hm
auf den Pfad der In- dios in der kal- ten Nacht.
Je- der Mensch muß es- sen, we- ni- ge sind satt.
Hm A Hm G
Se- hen sie die
Brin- gen ei- ne

1. Zogen drei Indios
durch die hohen Berge.
Über allen Tälern
wandern sie dahin.
Starr stehn die Felsen,
tausend Sterne leuchten
auf den Pfad der Indios
in der kalten Nacht.

2. Sehen sie die Lichter,
Lichter von San Pedro,
hören sie die Stimmen
auf dem Weihnachtsmarkt.
Sitzen sie da Stunden,
Töpfe zu verkaufen.
Jeder Mensch muß essen,
wenige sind satt.

3. Bringen eine Kerze
für die heil'ge Jungfrau
und die guten Geister
in der schwarzen Nacht.
Und dann sagt der Padre:
Ja, die Erlösung
darf nicht nur im Himmel,
muß schon auf Erden sein.

4. Ziehn die Indios weiter
über diese Erde,
harte Mutter Erde,
haben ihr Gesicht.
Ziehn die Indios weiter
über diese Erde,
harte Mutter Erde,
haben ihr Gesicht.

In vielen lateinamerikanischen Ländern ist der Weihnachtsmarkt das zentrale Ereignis zu Weihnachten. Es ist ein öffentliches Fest, zu dem sich alle treffen, und kein Familienfest in den eigenen vier Wänden. Meist ist der Weihnachtsmarkt in der Nähe der Kirche, in der dann auch der Weihnachtsgottesdienst stattfindet. Bei den Indios sind christliche und indianische Glaubensformen miteinander vermischt. Christlicher Glaube und Geisterbeschwörung lassen sich nicht immer genau auseinanderhalten.

Griechisches Winterlied

2. Zog der Hirte mit den Schafen
längst hinab ins Tal.
Zugefroren sind die Wege
wie zum letzten Mal.

Refr.:
To chimona, to chimona,
to chimonia . . .

3. Und am Meer die Wellen rauschen
grau und kalt an Land.
Hartgefroren laufen Spuren
durch den kalten Sand.

4. Nur im Haus ist Licht und Wärme,
wenn man sich noch kennt,
und das gute warme Feuer
unaufhörlich brennt.

Refr.:
To chimona, to chimona,
to chimonia . . .

Die Melodie zu diesem Lied stammt aus Griechenland, und „to chimona" heißt auf deutsch „der Winter".

Corre, Tamaro, corre ...

Lieder und Instrumentalstücke aus den Hörspielen Tamaro und Nicht nur Vögel können fliegen

Lied von Tamaro

Originaltonart: ab

Text und Musik: trad./F. Vahle

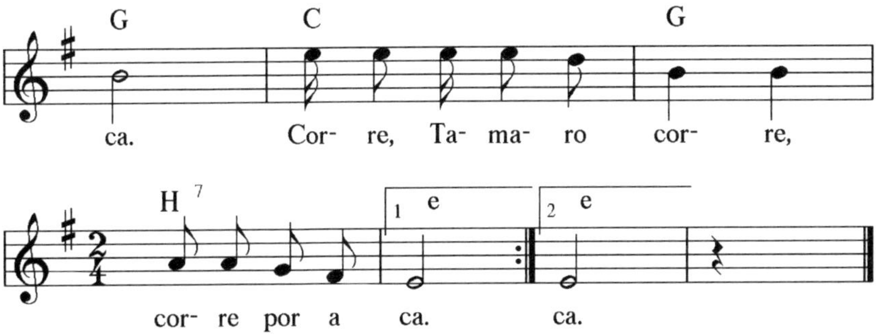

2. Tamaro hat nicht viel nur den Schlafplatz am Feuer,
doch kennt er schon die Bäume, die Schluchten und im Fluß
schwimmt er schneller als die Fische durch das tiefe klare Wasser
und holte sich am Mittag von der Sonne einen Kuß.

Refr.: Corre Tamaro . . . . .

3. Und dann fährt er hinaus mit den andern zum Fischen,
die Hände sind noch klein, doch er spürt schon seine Kraft.
Er zieht das schwere Netz mit den Fischen in das Boot
und hat den Fang ganz sicher an's Ufer gebracht.

Refr.: Corre Tamaro . . . . .

4. Am Abend schlägt Tamaro das Holz für das Feuer,
das brennt bis in die Nacht, wird Glut und kalte Asche.
Dann zielt er mit der Schleuder nach den allerhöchsten Sternen
und fällt ein Stern herunter, steckt er ihn in die Tasche.

Refr.: Corre Tamaro . . . . .

Tamaro (Intro 1)

Instrumental (Flöte)

Die Warnung (1. Variante)

Instrumental (Flöte)

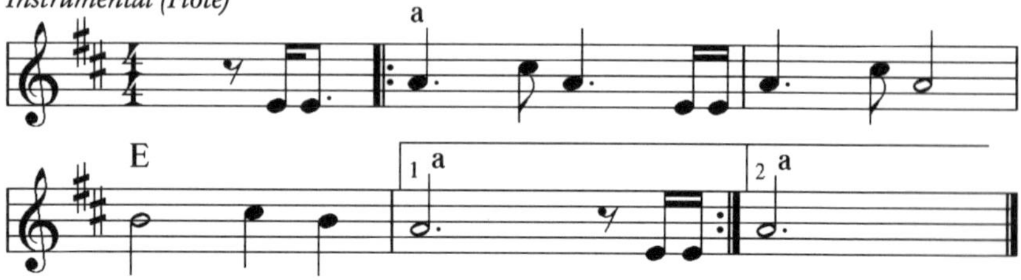

Die Warnung (2. Variante)

Instrumental (Flöte)

La Tortuguita

Text: Familie Rincon / F. Vahle / Musik: trad.

Die kleine Schildkröte

1. Alas aves pequeñas
canta el ave canora.
Pero a la tortuguita
solo las olas.
En el nido la alondra
al polluelo calienta.
Pero a la tortuguita
solo al arena.

2. Bajo el ala materna
duerme la chorcha.
Pero la Tortuguita
solo en su concha.
Y la mama tortuga
rubiosa y vieja
busca la tortuguita
y no la encuentra.

1. Für die kleinen Vögel
singt der Singvogel.
Aber für die kleine Schildkröte
nur die Wellen.
Die Lerche wärmt
in ihrem Nest ihr Junges.
Aber die kleine Schildkröte
(wärmt) nur der Sand.

2. Unter dem Flügel der Mutter
schläft die (kleine) Schnepfe.
Aber die kleine Schildkröte
nur in ihrem Schildkrötenpanzer.
Und Mutter Schildkröte
verbleicht und alt,
sucht die kleine Schildkröte
und findet sie nicht.

La Guabina

Instrumental (Flöte 1) Musik: trad./ F. Vahle

De Colores (aus Mexico)

Musik: trad. / Text: trad.

2. Canta el gallo, canta el gallo con
el quiri quiri quiri quiri quiri,
La gallina, la gallina con el cara
cara cara cara cara,
Los polluelos, los polluelos con el
pío pio pio pio pi,
Y por eso los grandes amores de
muchos colores me gustan a mí.

Der Verlust (Intro)

Instrumental (Flöte)

Male Betulia

Originaltonart: Db

Text: trad. / Musik: trad. / F. Vahle

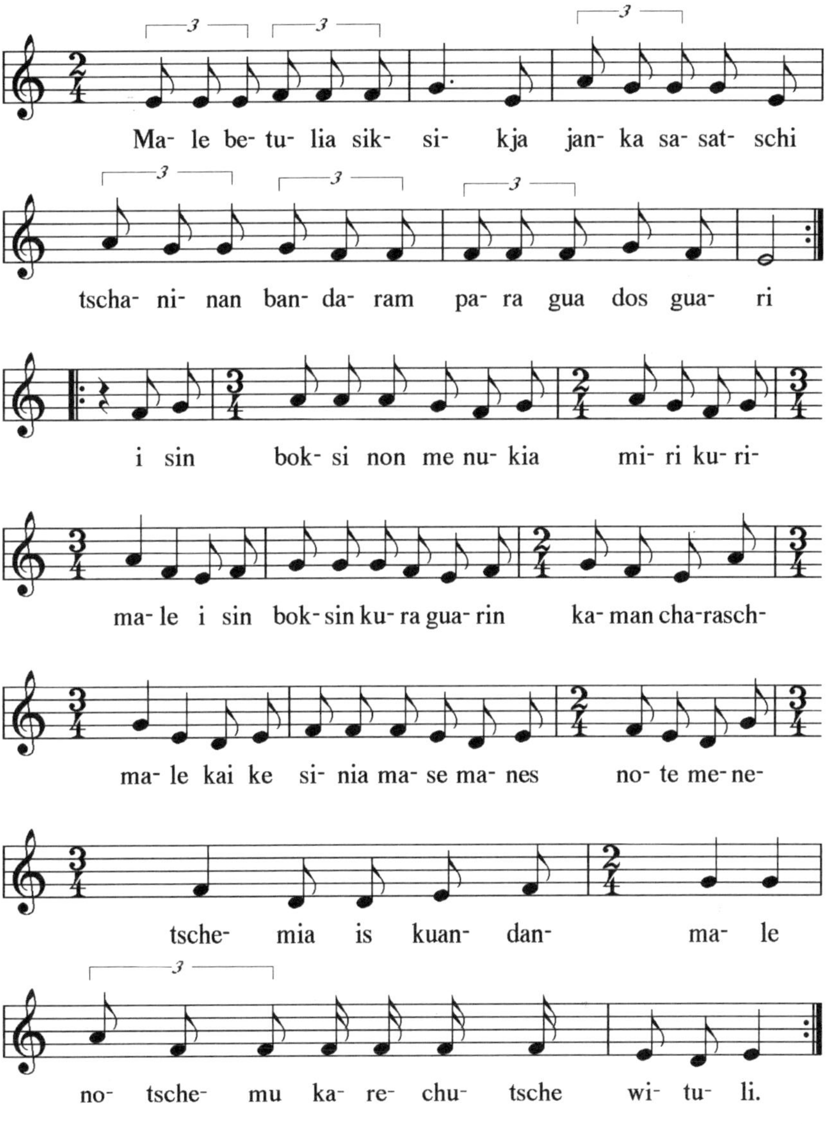

Namini Rasinja

Originaltonart: Db

Text: trad. / Musik: trad. / F. Vahle

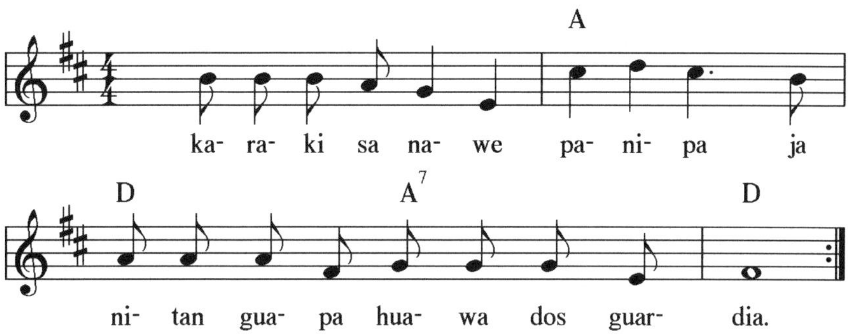

Huala tschokomba

Lied vom Chogui

Originaltonart: Db

Text: F. Vahle/trad. / Musik: trad.

Und seit jenen Tagen hört man überall sein Rufen,
hört das Echo und das frohe Lied chogui,
bringt uns gute Nachricht, fliegt zu seinen Lieblingsblüten,
fliegt hoch über alle Bäume, guarani.
Und fliegt weiter zu den Wolken und aus allerfernster Ferne
hört man noch sein frohes Lied chogui.
Refr.: Chogui, Chogui . . . . . .

Aus: Nicht nur Vögel können fliegen:

Vuelas, Vuelas Pajararito

Vahle/trad. - Vahle

Flugmelodie

Vamos al Mar

(Nicht nur Vögel können fliegen)

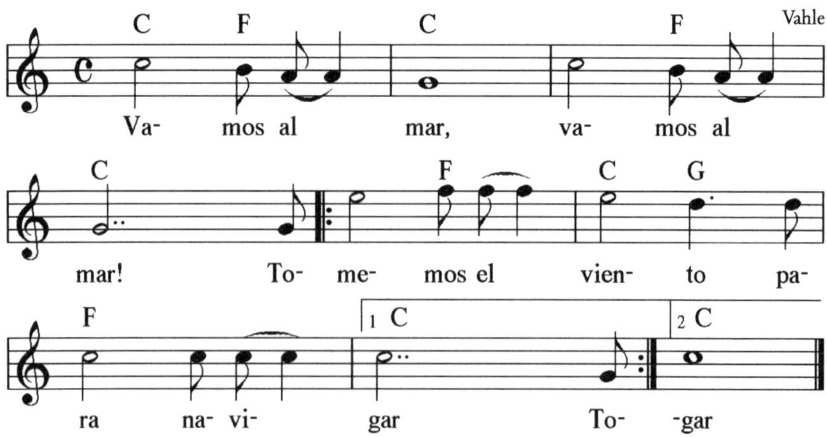

Inselmelodie

..., darauf freute sie sich auch.

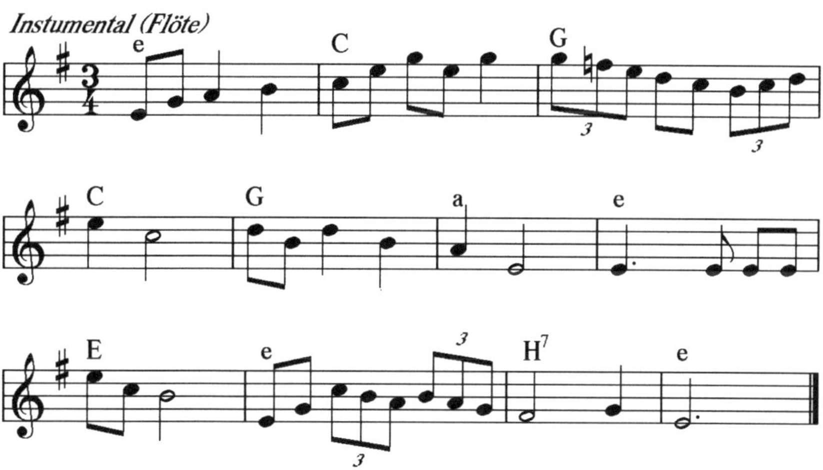

Pizzalied

2. Eine schöne, gut geback'ne runde Pizza
sieht doch jeder, na, wer sitzt da?
Tiritomba sicherlich
keine andere als ich.

Tres Ratones

(Nicht nur Vögel können fliegen)

Vahle/trad.

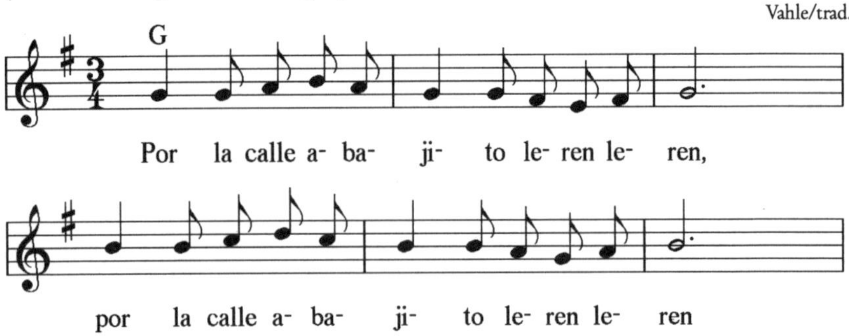

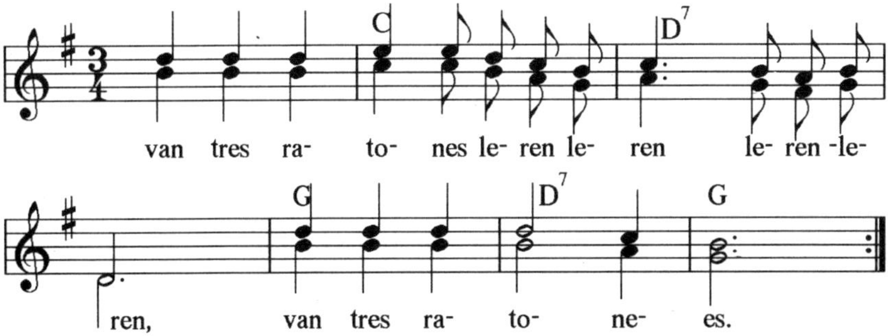

2. Uno va haciendo punto, leren, leren,
uno va haciendo punto, leren, leren,
y otro botones, leren, leren, leren, leren,
y otro botones.

3. Y uno lleva la cesta, leren, leren,
y uno lleva la cesta, leren, leren,
de los melones, leren, leren, leren, leren,
de los melones.

Strandläufermelodie

Instrumental (Flöte)

La Gaviota

(Nicht nur Vögel können fliegen)

Vahle/trad.

Voy al mercado

2. Voy al mercado a comprar una trompeta
para que sueñe por las madrugadas.
y la trompeta . . . .
y la gallina . . . .
y el gallo canta kikerikiki cada mañana
para ti.

3. Voy al mercado a comprar un burro,
que rebusne por las madrugadas.
Y el burro . . . .
y la trompeta . . . .
y la gallina . . . .
y el gallo canta kikerikiki cada mañana
para ti.

4. Voy al mercado a comprar un pardelo,
para que guañe por las madrugadas.
y el pardelo . . . .
y el burro . . . .
y la trompeta . . . .
y la gallina . . . .
y el gallo canta kikerikiki cada mañana
para ti.

(pardelo – eine Seeschwalbenart, die nur nachts fliegt und sehr eigenartige Töne ausstößt. Meist nur zu hören auf La Gomera)

Sale el Agua

(Nicht nur Vögel können fliegen)

Vahle

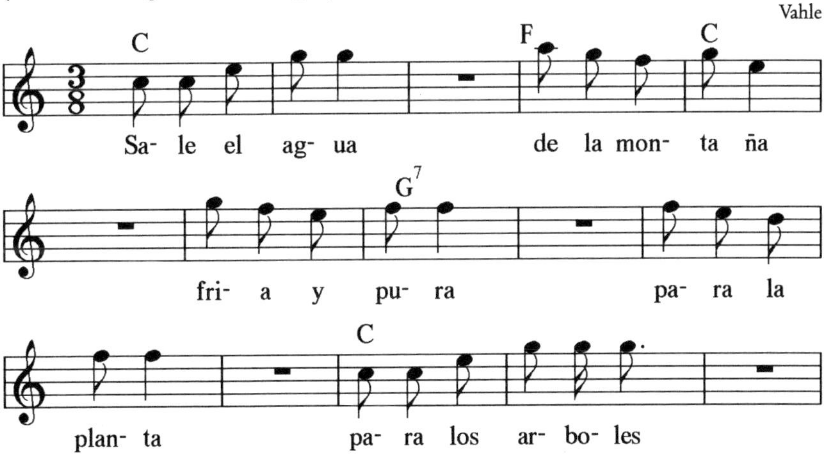

En el Agua Clara

(Nicht nur Vögel können fliegen)

Vahle/trad.

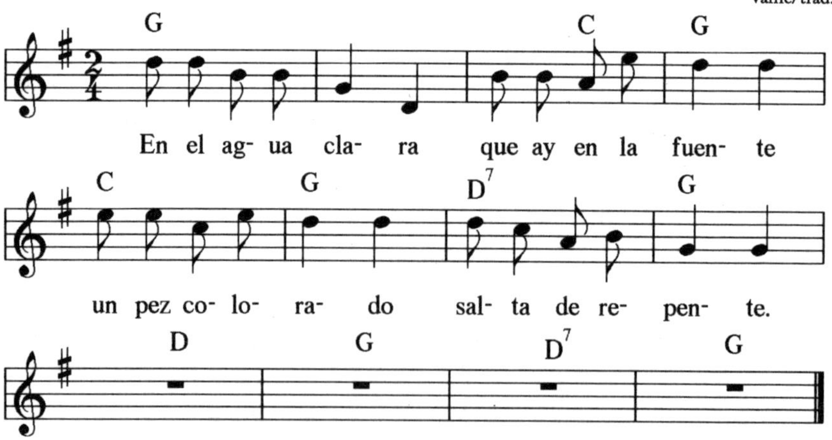

2. Lindo pececito si quieres jugar
todos mis juguetes te los voy a dar.

3. „Yo vivo en el agua no puedo salir
mi mama me ha dicho, que me quede aqui!“

Cua cua

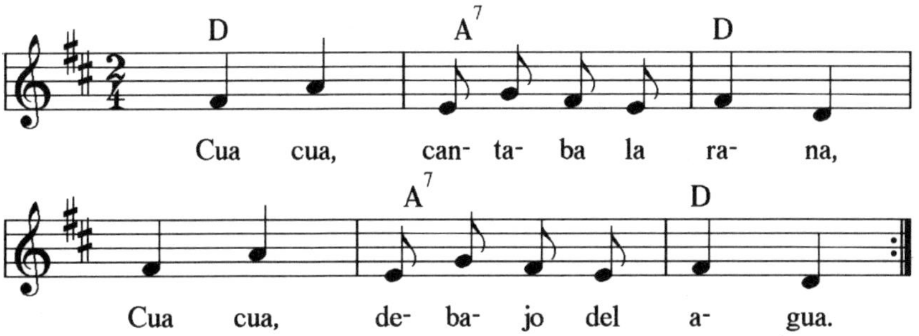

Cua, cua, passó un caballero,
cua, cua, con capa y sombrero,
cua, cua, passó una señora,
cua, cua, con faldas de cola,
cua, cua, passó su criada,
cua, cua, comiendo ensalada,
cua, cua, passó un marinero,
cua, cua, vediendo romero,
cua, cua, como, era frescito,
cua, cua, no lo quiso dar,
cua, cua, se hecho a revolcar.

Südamerikanischer Tanz

Al Tanganillo

(Nicht nur Vögel können fliegen)

Vahle/trad.

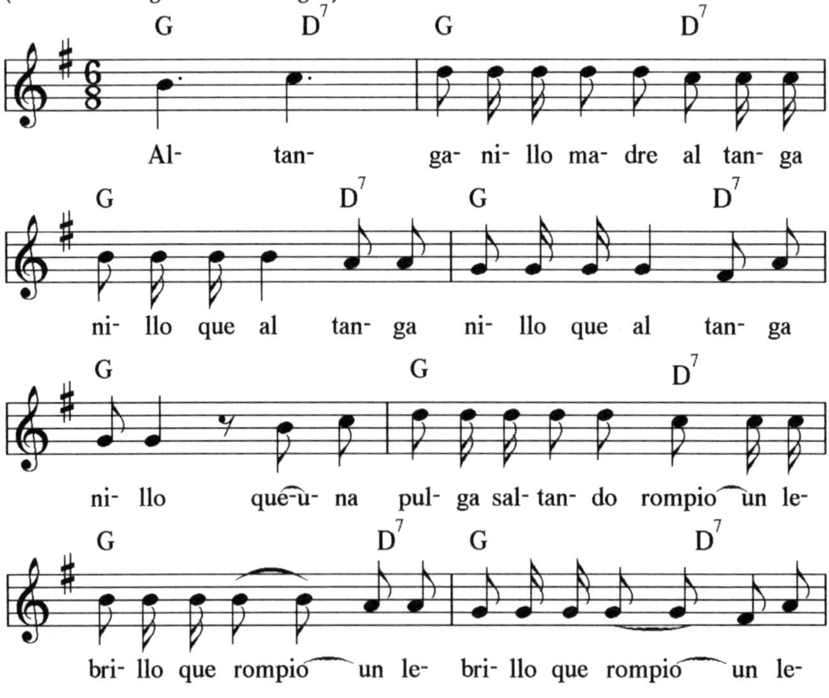

2. Eso es mentira niña, que eso es mentira,
que eso es mentira, que eso es mentira,
que una pulga saltando no lo rompia,
que no lo rompia, que no lo rompia.

3. Señores tocadores pongan cuidado,
que pongan cuidado, que pongan cuidado,
porque ya el tanganillo se ha terminado,
se ha terminado, se ha terminado.

Reicher Mann und armer Mann – Lieder aus der Nachdenklichkeit

Der Maurer Otto

Musik: trad.

2. Und dann steht er an der Schnur
greift den nächsten Hohlblockstein,
rechts der Paule, links der Wilhelm,
und die schaffen im Verein,
mauern Ecken, sparn was aus,
da kommt die Wasserleitung rein,
denn der Otto, ja, der Otto,
der ist Maurer.

Refrain

3. Otto hat ein Haus gebaut
für nen reichen flotten Mann,
der so einfach ne Million
auf’n Tisch raufblättern kann.
Aber Otto muß sich sputen,
daß er Miete zahlen kann,
denn der Otto, ja, der Otto,
der ist Maurer.

Refrain

4. Otto sagt: Wer Häuser baut,
der braucht Arbeit, der braucht Lohn,
so was kommt nicht von alleine,
und das weiß der Otto schon.
Und er sagt zu Paul und Wilhelm:
Dafür halten wir zusammen,
denn der Otto, ja, der Otto,
der ist Maurer.
Refrain

In Salzböden gibt es einen Maurer, der heißt Otto. Otto hat mir oft von seiner Arbeit erzählt und einmal sogar seinen ganzen Tagesablauf. Daraus und von anderen Dingen, die ich von Maurern gehört habe, ist das Lied vom Maurer Otto entstanden. Solche Ottos gibt es bei uns viele, und im Gegensatz zu den Fabrikarbeitern kann man sie oft bei der Arbeit beobachten.

Das Lied von der kleinen Klasse

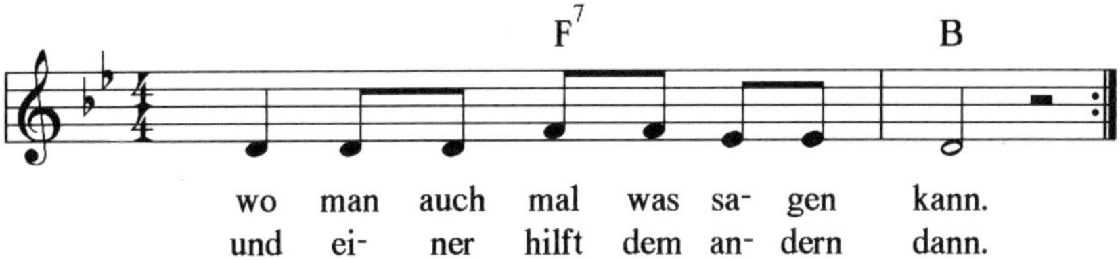

2. Und dann lauf ich in die Schule rein.
Hör die andern schon von oben schrein.
Ach, in unsrer Klasse ist was los.
Der Radau ist wirklich riesengroß.
Peter, der sagt grad zum Fritz,
was der für ne Niete ist.
Monika steckt noch und noch
Kaugummi ins Schlüsselloch,
Jens und Pit am Lehrertisch
prügeln sich ganz fürchterlich.

Refrain

3. Plötzlich steht der Lehrer da und spricht:
Hier versteht man sich ja selber nicht.
Marion gähnt, und der Karl-Otto schießt
dem Lehrer nen Gummi mitten ins
Gesicht.
Und der Lehrer sagt zu sich:
Unterrichten – fürchterlich.
Denn hier rackert man sich ab,
jede Stunde, jeden Tag.
Wenn ich jemand helfen will,
merk ich, das sind viel zuviel.

Refrain

4. Komm ich aus der Schule dann nach
Haus
mit ner fünf, was seh ich traurig aus.
Leise schleich ich an den Mittagstisch,
und mein Vater sagt ganz ärgerlich:
Wenn du das so weitertreibst
und am Ende sitzenbleibst,
wirst du später arbeitslos,
ja, was machst du denn dann bloß.
Doch wir merken schon am Schluß,
was man alles ändern muß,
daß ein jeder Schüler dann,
was er braucht auch lernen kann.

Refrain:
Mensch, dann brauchen wir ne kleine
Klasse,
wo man auch mal was sagen kann.
Und wo der Lehrer nicht so laut zu schrein
braucht,
und einer hilft dem andern dann.

Dieses Lied wurde für die Aktion „Kleine Klasse“ geschrieben. Es bezieht sich darauf, daß bei uns immer noch viele Klassen überfüllt sind und die Lehrer den einzelnen Kindern nicht helfen können. Andererseits warten viele fertig ausgebildete Lehrer darauf, endlich arbeiten zu können.

Der Vater ist die Arbeit los

2. Er repariert die Küchenuhr.
Er repariert die Spüle.
Er repariert die Lampenschnur
und auch die Kaffeemühle.

3. Der Vater ist die Arbeit los.
Er repariert nicht weiter.
Er lacht nicht mehr, wer macht uns bloß
den Vater wieder heiter?

Wenn der Vater und die andern Arbeiter so fleißig waren, daß der Fabrikbesitzer viel verkauft und viel Geld verdient, kann es sein, daß er sich neue Maschinen anschafft und die fleißigen Arbeiter auf die Straße setzt. Dann gehen sie nach Hause und sind arbeitslos.

Das Lied vom Mutmachen

2. Ein Mädchen hatte einen Freund,
der wollte nur befehlen.
Sie sagte: Tschüs, mein lieber Klaus,
ich bin nicht deine Aufziehmaus.
So machte sie
auch andern Mut.

3. Da stand ein Haus in Westberlin,
das war fast am Zerfallen.
Da zogen zwanzig Leute rein
und setzten Fensterscheiben ein.
So machten sie
auch andern Mut.

4. Ne junge Frau, die war sehr schön,
die sollte Schlager singen
und sollte wackeln mit dem Po!
Sie sprach: Ihr könnt mich sowieso!
So machte sie
auch andern Mut.

5. Da war ein Wald, der sollte weg
für ein Raketenlager.
Die Leute schützten Baum für Baum,
so war es schwer einen umzuhaun.
So machten sie
auch andern Mut.
Und das war gut!

Mein Bruder

2. Dann steht er da oben allein herum
und ich strecke ihm die Zunge heraus
und wenn er auch etwas ganz anderes will,
sage ich: Niemals mehr kommst du nach Haus.

3. Dann weiß er nicht, was er anfangen soll
und stapft fast blind im Mondstaub herum
und fängt wahrscheinlich zu weinen an
und friert sich vor Kälte die Nase krumm.

4. Wenn ihm dann alles ganz
leid tut dann ...
wenn er alles einsieht ...
Stück für Stück ...
Dann lasse ich Gnade vor Recht ergehn
und hole ihn einfach wieder zurück.

Meine Freundin Annette

Originaltonart: D

2. Im Papierkorb rumort's in stockdunkler Nacht.
Annette hat kein Auge zugemacht.
Der Käse lag drin in der Mausefalle.
Die Maus blieb am Leben. Der Käse war alle.

3. Meine Freundin bibbert, und ich schimpfe sie an:
Mensch, wie man vor sowas nur Angst haben kann.
Eine Maus ist doch wirklich nur 'n ganz kleines Tier!
Komisch, Annette hat Angst jetzt . . . vor mir.

Die Postfrau

2. Bringt uns Post von Tante Luzi aus Cuxhafen,
und dem Nachbarn Heinrich bringt sie ein Paket.
Und dann muß sie noch die ganze Straß e rauf und runter,
als sie in die Post kommt, ist's schon spät.

3. Protzelkopp, der Amtmann, der schimpft gleich die Frau an:
Typisch, so 'ne Trödelliese von der Post.
Doch die Postfrau wehr sich: Ne Frau macht ihre Arbeit
genau so gut und pünktlich wie ein Mann.

4. Protzelkopp, der denkt sich: Ich glaub mein Holzbein humpelt!
Die haut auf den Putz hier und ist nur 'ne Frau.
Seh'n se, sagt die Postfrau, ich laß mich nicht zu dummen,
zur dummen Liese machen. So geht's nicht!

5. Und da sitzt der Amtmann und der guckt die Frau an,
die sagt, daß man schon zusammen schaffen kann.
Ein Mann ist nicht was bessres, sondern ein Kollege,
dem 'ne Frau auch mal was sagen kann.

6. Da kommt unsre Postfrau in ihrer blauen Jacke.
Eine schwere Tasche hängt vor ihrem Bauch.
Heute hat sie Glück, denn es ist warm und sonnig,
doch wenn's bitterkalt ist kommt sie auch.

Viele Mädchen und Frauen haben es bei uns schwer, eine gute Ausbildung und einen Beruf zu bekommen, der ihnen auch Spaß macht. Viele Männer lachen über Frauen, die etwas tun, was früher nur Männer gemacht haben. Sie sagen: Frauen gehören an den Kochtopf. Aber immer mehr Frauen wehren sich dagegen, z. B. die Postfrau.

Wie Fitzebutze seinen alten Hut verliert

Text: R. Dehmel

2. Tomm auf Haterns dhoßen Tuhl,
Vitzliputze, Blitzepul!
Hater sagt, man weiß es nicht,
wie man denen Namen sp'icht;
pst!

3. Pst, sagt Hater, Fitzebott
war einmal ein lieber Dott,
der auf einem Tuhle saß
und sebratne Mensen aß;
huh! –

4. Huh, da sah der Hampelmann
furchtbar groß die Detta an,
und sein alter Bommelhut
kullerte vom Stuhl vor Wut,
plumps.

5. Plumß, sprach Detta; willste woll!
Sei doch nicht so ßrecklich doll!
Mutter sagt, der liebe Dott
donnert nicht in einem fo't;
nein!

6. Nein, sagt Mutta, Dott ist dut,
wenn man a'tig beten thut;
Fitzebutze, hör mal an,
was tlein Detta alles tann,
ei! –

7. Ei, da saß der Blitzepul
mäuschenstill auf seinem Stuhl,
und sprach heimlich alles nach,
was die kleine Detta sprach;
hört!

Richard Dehmel zum umstrittenen Fitzebutze:

„Gerade das Geimnisvolle, dessen Vorwalten sie empfinden, ohne noch ganz dahinter zu kommen, macht einen Teil der dauernden Wirkung aus und hält das Entzükken an solchen Werken bis in das reife Alter frisch. Das ist auch der Reiz der meisten Volksmärchen, deren eigentliche Bedeutung (vulgäre Maskierung urpriesterlicher Natursymbole und Göttermythen) ja erst von den Gelehrten allmählich wieder entdeckt worden ist. Solche Reize enthält z. B. auch meine Geschichte vom alten Wodtke und Michel Krist, und es wäre völlig verkehrt, den Kindern etwa erklären zu wollen, daß dahinter der alte Wodan (Odhin, Wuotan) und der mittelalterliche Jesusknabe steckt; das sollen sie eben nur dunkel fühlen, bis ihnen später ein Licht aufgeht. Und ebenso ist's mit der Gottesweisheit, die der dumme Fitzebube zu raten aufgibt; den Großen ist das natürlich die Hauptsache, aber die Kleinen kümmern sich den Teufel darum, sondern haben einfach ihr Heidenvergnügen an dem merkwürdigen Hampelmann." (nach G. Wilkending, 1982, S. 141/142).

Anmerkung zum „Fitzebutze":

Detta scheint in einer „Altersmundart" mit typisch kindlichen Aussprachefehlern und -eigenschaften zu reden. Und sie redet mit einer Spielzeugfigur. Dies alles hat zu einer bestimmten Einschätzung der Fitzebutze-Gedichte geführt. G. Wilkending weist darauf hin, daß selbst in jüngster Zeit diese Gedichte als „Paradigma kindertümlicher Literatur" ohne hintergründige Absichten bzw. als „hübsches und fröhliches Kinderbuch" angesehen werden. (G. Wilkending, 1982, S. 131) Es fragt sich, ob diese Einstellung den Intentionen Dehmels gerecht wird. Kindliches Spiel und „tiefere Bedeutung" sind in diesem Text miteinander verbunden, so daß er je nach Gewichtung des einen oder anderen Bereichs unterschiedlich interpretiert werden kann:

a) Er kann naiv verstanden werden. Das Mädchen erprobt spielerisch und ahnungslos einiges, was es von Erwachsenen aufgeschnappt hat.
b) Das Kind kann aber auch schon anfangen, sich eigene Gedanken zu machen. Fitzebutze ist dann eine grausame Figur, wie das Kind sie auch aus dem Märchen kennt, und der liebe Gott ist eine gute Macht. – Diese Figuren werden behandelt wie der Bibabutze-Mann im Kinderlied. Er ist eine Schreckfigur. Aber das spielende Kind weiß nichts über seine Herkunft aus vorchristlichen Glaubensvorstellungen.

c) Das Mädchen ist neugierig, aufmüpfig und respektlos. Es geht unvoreingenommen an die religiösen und moralischen Vorstellungen der Erwachsenen heran, die es in ihren Grundzügen durchschaut und entlarvt ihre Schwächen.

Gerade die letzte Lesart hatte zu heftigen Kritiken von Seiten der pädagogischen Ordnungshüter im kaiserlichen Deutschland (die Gedichte wurden 1900 veröffentlicht) geführt. So schrieb ein deutscher Rektor zum „Fitzebutze“:

„– die Verse sind gefährlich, sie wirken auf die Kinder in einer erschreckenden, ja ich muß sogar sagen in einer direkt unsittlichen Weise ein. Sie veranlassen zum Durchbrechen jeglicher Disziplin, jeder Ordnung. (. . .) Ich halte das Buch direkt für anarchistisch, umstürzlerisch, für *anarchistisch* nicht nur im pädagogischen Sinne. (. . .) Es ist ein pädagogischer Fehlgriff der schlimmsten Sorte.“ (T. Smato, 1901, zit. nach G. Wilkending, 1982, S. 137.)

Ein anderer Kritiker schrieb:

„Fitzebutze ist ein tendenziöses Machwerk, verhüllt und verbrämt durch Kindergedichte und Ammenreime, die bekannten Reimen (Vgl. des Knaben Wunderhorn, Simrocks Kinderbuch und Friedrich Gülls Kinderheimat) stark nachempfunden sind. Mit instinktiv richtigem Gefühl schreibt eine Mutter im 'Reichsboten' Nr. 245, 1901: 'Hier kämpft eine Weltanschauung um den Sieg, feurig, fanatisch. Das Buch entspricht ihr, aller alte Kram ist darin beiseite gelassen. Es dient als Pionier'“ (ebd. S. 138).

Die Einschätzung seiner Fitzebutze-Gedichte als harmlose Kindergedichte in Altersmundart oder als umstürzlerische Propaganda hat schließlich Dehmel selbst bewogen, Stellung zu beziehen: Er bestritt zunächst, daß das Gedicht in einer der kleinen Detta entsprechenden Altersmundart geschrieben ist und auch nicht ihre sprachlichen Eigenarten und Fehler konserviere. Detta könne sehr wohl richtig sprechen und denken. Wie sollte sie auch sonst solche *Inhalte* zur *Sprache* bringen. Aber sie macht mit ihrem Hampelmann etwas, was Erwachsene sonst nur mit Kindern machen, sie redet aus Spaß mit ihm in ihrer eigenen Ammen- bzw. Babysprache. Daß Detta also nur Spaß mit ihrem Hampelmann macht, wird nach Dehmel von Kindern sofort erkannt. Trotzdem hat er in einer späteren Fassung eine klärende Strophe hinzugefügt:

„Ah, die sprach ja nun sofort
alles richtig, jedes Wort!
Ja, ihr Klugen, merkt ihr was?
dumm tun tat sie bloß zum Spaß.
Also Hört!“

(R. Dehmel, 1908, S. 23)

Lied vom Angsthaben

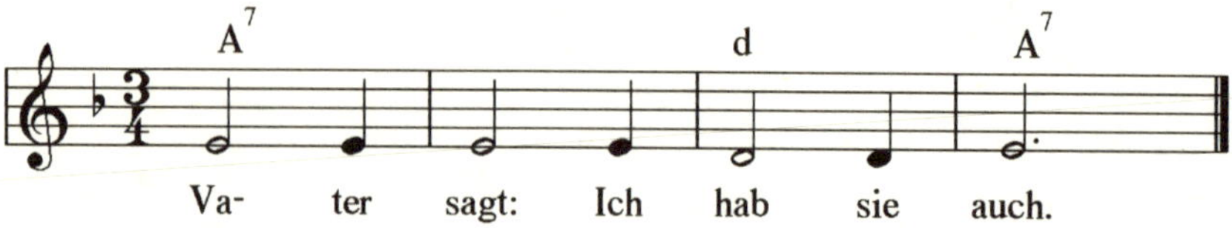

2. Und ich lief einmal querfeldein
zum Schloß nach Friedelhausen.
Da bellt ein böser Hund im Busch,
daß mir die Ohren sausen.
Der Hund, der kommt zum Busch heraus
und sieht wie Mani Maiwald aus.

3. Da war mal ein Gewittersturm.
Der donnert, blitzt und kracht.
Und ich war ganz allein im Haus.
Das hat mir Angst gemacht.
Dann kam ein Regenbogen.
Die Angst hat sich verzogen.

4. Manchmal hab' ich Angst davor
von meiner Angst zu reden.
Dann sagen sie, daß ich ein Angsthase bin
und davor fürcht' ich mich eben.
Hab' einen Freund gefunden,
da ist die Angst verschwunden.

5. Einmal hab' ich vom Krieg geträumt:
Die Erde glühte rot.
Dann war sie nur ein Aschenland
und alle Menschen tot.
Die Angst blieb stehn im kalten Rauch.
Mein Vater sprach: Ich hab' sie auch.

Der Friedensmaler

Text: F. Vahle / Musik: F. Vahle / Refr.: trad.

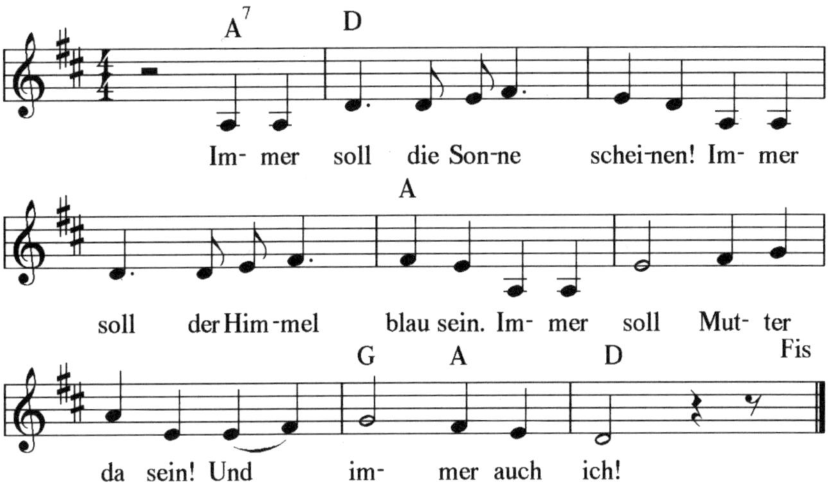

2. Er malte in den Himmel eine große Sonne rein.
Darunter auch zwei Menschen, einen groß . . . und einen klein.
Und neben diesen Menschen fing er zu schreiben an.
Er schrieb mit sehr viel Mühe, daß man's gut lesen kann.

Immer soll die Sonne scheinen!
Immer soll der Himmel blau sein!
Immer soll Mutter da sein!
Und immer auch ich!

3. Aus diesen Kinderworten, da hat zu später Nacht
'ne Frau mit viel Musik im Kopf ein kleines
Lied gemacht.
Das Lied kam bis nach Frankreich.
Yvonne
und auch Madeleine,
die sangen es zusammen sehr deutlich und
sehr schön.

Gardez nous le soleil!
Gardez nous le bleu du ciel!
Gardez nouz ma mère en vie!
Gardez moi mon avenir!

4. Das Lied kam nach Amerika und über den Ozean.
Ein Sänger, der Pete Seeger hieß, der fing zu singen an.
Er sang für den Frieden in Vietnam, für den Frieden in USA.
Und die Kinder sangen es alle mit, weil das auch ihr Lied war.

May there always be sunshine!
May there always be blue skies!
May there always be mama!
May there always be me!

5. Doch einmal fragten die Leute: Wo lebt er, in welcher Stadt,
der Junge, der diese Worte zuerst geschrieben hat?
Der Junge lebt in Moskau. Sein Vater fiel im Krieg
und er hatte in seiner Sprache diese Welt und den Frieden lieb.

Pust fsegda budjet sonze!
Immer soll die Sonne scheinen!
Pust fsegda budjet njeba!
Immer soll der Himmel blau sein!
Pust fsegda budjet mama!
Immer soll Mutter da sein!
Pust fsegda budu ja!
Und immer auch ich!

Die Zeilen aus dem Kehrreim hat der Junge aus Moskau wirklich geschrieben. Sie sind also nicht von mir oder irgendeinem anderen erfunden worden. Und sicher hat die Mutter in seinem Leben – so wie im Leben anderer Kinder – eine besondere Rolle gespielt. Aber damit ein Kind sich gut entwickeln kann, braucht es nicht nur die Hilfe der Mutter. Es braucht auch einen Vater, der Arbeit und auch Zeit für Kinder hat. Es braucht Freunde, mit denen es spielen kann. Es braucht einen Kindergartenplatz und eine Schule, in der es Spaß macht zu lernen. Manche Politiker in diesem Land wollen den Müttern soviel von diesen Aufgaben überlassen, daß sie außer Kindererziehung und Hausarbeit nichts anderes mehr machen können. Aber viele Mütter möchten ja nicht immer am Kochtopf stehen, sondern eine interessante Arbeit verrichten und auch einmal eine Reise machen. So wie Kinder ja auch nicht immer erzogen werden und von ihren Eltern abhängig sein, sondern ihr eigenes Leben führen wollen.

Tanja

2. Da war Tanjas Vater, der ging an die Front.
Es war Nacht, als er Abschied nahm.
Und Tanja fragte: Wann kommt er zurück?
Als kein Brief mehr von ihm kam.
Und Tanja hat nach dem Vater gefragt.
Die Feinde sind viele. So wurde gesagt.

3. Da war Tanjas Schwester, die hat noch geträumt,
es hätt Nüsse und Kuchen gegeben.
Doch dann hat sie am nächsten Morgen sehr blaß
und still in den Decken gelegen.
Und Tanja hat nach der Schwester gefragt.
Der Hunger ist grausam, so wurde gesagt.

4. Da war Onkel Wasja, der roch nach Machorka
und sagte: Ich geh noch ein Stück.
Doch dann kamen die Flugzeuge niedrig und laut,
und der Onkel kam nie mehr zurück.
Und Tanja hat nach dem Onkel gefragt.
Das waren die Bomben, so wurde gesagt.

5. Da war Tanjas Mutter, die brachte noch Holz
und ist doch nicht am Leben geblieben.
Nur ich bin noch übrig, hat Tanja dann
in ihr Tagebuch geschrieben.
Und Tanja hat nach der Mutter gefragt.
Der Tod kommt täglich, so wurde gesagt.

6. Dann war Tanja krank, aber trotzdem hat sie
noch manchmal ein wenig gelacht.
Doch es fehlte das Brot und die Medizin
in der langen kalten Nacht.
Und die Leute haben nach Tanja gefragt.
Nie wieder Krieg, haben alle gesagt.

Gespräch über das Lied von Tanja

Susanne: Da war ein Mädchen, das hieß Tanja. Und im Zweiten Weltkrieg, da hat die ein Tagebuch gehabt und da hat se immer alles reingeschrieben. Und jetzt erzählt se in dem Tagebuch, wie das war im Krieg. Die lebten in Leningrad. Die ham nichts mehr zu essen gehabt kaum . . . und die Mutter hat das, was noch zu essen da war, hat se anscheinend Tanja gegeben. Damit wenigstens das Kind noch weiterleben kann un die Mutter, die hat also schwer gearbeitet, weil die mußte ja auch dem Vater seine Arbeit erledigen und Holz holen und so . . . und dann ist se anscheinend an Schwäche gestorben.
Fredrik: Was meint ihr denn, was dieses Lied für einen Sinn hat?
Dagmar: Damit die Kinder keinen Krieg mehr miterleben müssen, weil se sich ja da unheimlich quälen.

Susanne: Also die das nicht so arg wahrnehmen mit dem Krieg und so. Damit die mal wissen wie das ist, wie sich die Leute rumquälen. Wie das ist, wenn man Angehörige verliert. Die Tanja ist ja regelrecht immer rumgelaufen und hat immer gefragt und so. Und dann auf einmal war se nicht mehr da. Da haben dann eben die Leute nach ihr gefragt . . .
Und ich finde, das Lied soll auch ausdrücken, da kann man mal sehen, was son Krieg Kindern antun kann . . .

Die Geschichte von den Kriegskindern

2. Sie träumte, daß viele Kinder,
   die im Krieg gestorben war'n
   losliefen wie lebendig
   und klopften überall an.

3. Sie sagten: Wer im Kriege
   zu Tode gekommen ist,
   der weiß die ganze Wahrheit.
   Die Lebenden wissen sie nicht.

4. Sie kamen zu einem, der freundlich war.
   Der hatte auch viele Fragen.
   Sie sagten: Die Waffen müssen weg.
   Da hat er die Tür zugeschlagen.

5. Und einer, der gab ihnen Spielzeug.
   Kleine Panzer, Gewehre, Kanonen.
   Da rührte sich keine Kinderhand.
   Sie sind einfach weitergezogen.

6. Durch Dörfer, Städte und Länder
   nach Süden, Osten, Norden
   und viele nahmen die Botschaft auf,
   sind Freunde der Kinder geworden.

7. Sie suchten kein Land des ewigen Glücks
   weit weg von dieser Erde.
   Sie wollten, daß auf dieser Welt
   doch endlich Frieden werde.

8. Da war ein Mädchen, das träumte
   eine seltsame Geschicht'.
   Die hat im Krieg begonnen,
   aber enden tat sie da nicht.

Friedenslied

für Chor und Percussion

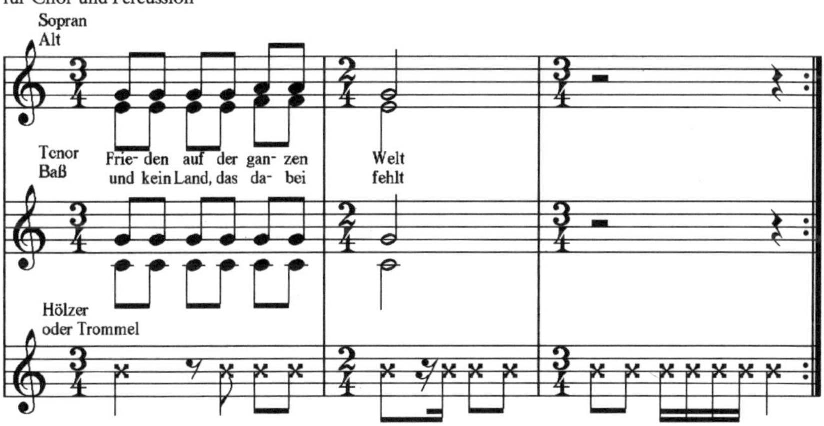

2., 3. und 4. Strophe wie Friedenslied

Text: F. Vahle / Musik: F. Vahle

2. Sterne nur am Himmelszelt
und kein Tod, der auf uns fällt.
Sterne nur am Himmelszelt
und kein Tod, der auf uns fällt.
Das soll unsre Hoffnung sein.

3. Wer nur Geld für Bomben hat,
macht die Hungrigen nicht satt.
Denn wir brauchen diese Erde,
daß aus ihr kein Friedhof werde
und kein toter, kalter Stern.

4. Frieden kommt nicht von allein.
Frieden muß erschaffen sein.
Gegen alle Todeswaffen
müssen wir den Frieden schaffen
Frieden kommt nicht von allein.

5. Barıs, bütün dünyada.
Barıs, bütün dünyada.
Eksik olmasın tek ülke
Eksik olmasın tek ülke
Güvencemiz bu olsun.

6. Solestis chores irini
ke kamia na min mini
ke kamia na min mini
Solestis chores irini.
Aftine i elpida mas!

7. Frieden auf der ganzen Welt,
und kein Land das dabei fehlt.
Frieden auf der ganzen Welt,
und kein Land, das dabei fehlt.
Das soll unsre Hoffnung sein.

Kinderhymne

Text: B. Brecht

2. Daß die Völker nicht erbleichen
Wie vor einer Räuberin
Sondern ihre Hände reichen
Uns wie andern Völkern hin.

3. Und nicht über und nicht unter
Andern Völkern wolln wir sein
Von der See bis zu den Alpen
Von der Oder bis zum Rhein.

4. Und weil wir dies Land verbessern
Lieben und beschirmen wir's
Und das liebste mag's uns scheinen
So wie andern Völkern ihrs.

Der Weihnachtsmann sagt: Bittesehr ! –

Lieder vom Winter und von Weihnachten

Wintermorgenlied

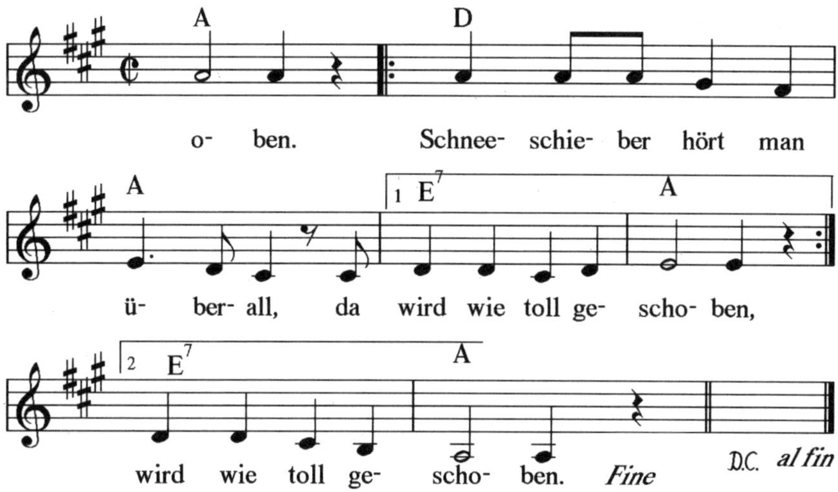

2. Und draußen ist 'ne Schmugglerstadt,
die Ware kommt von oben.
Schneeschieber hört man überall,
da wird wie toll geschoben.

3. Wacht auf, ihr lieben Schläferlein,
es schneit so kalte Flocken,
daß wir bald um den Frühstückstisch
ganz frohgemut rumhocken.

4. Da steht das Ei, der Schinken ist
so duftig rot geraten.
Kakao und Kaffee duften uns
zu neuen guten Taten.

5. Da gibt es Käse von der Kuh
und Wurscht dazu vom Wutzche
und nebenan, da schlummert noch
ganz selig des klaa Butzche.

6. Raus aus dem Haus, die Stadt ist weiß,
als hieße sie Schneewittchen,
wir rodeln übern Vogelsberg
mit Olli, Muck und Schmidtchen.

Dieses Lied ist an einem Wintermorgen in Gießen entstanden, und zwar vor und beim Frühstück. Einige Wörter sind hessisch und nicht jedem verständlich. Wurscht = Wurst; Wützche = Schwein; klaa Butzche = Kosenamen für ein kleines Kind.

Schneeflöckchen, weiß Röckchen

Text: F. Vahle/trad. / Musik: F. Vahle/trad.

2. Schneeflocken, die fallen,
vom Himmel so weit,
schlupft in warme Socken,
es ist höchste Zeit!

3. Sie tanzen und drehn sich
und wirbeln, o jeh,
sind niemals nicht schwindelig
und am Schluß sind sie Schnee.

Lied vom Engel (Chorus)

Text: F. Vahle

Lied vom Engel

Text: F. Vahle/trad. / Musik: trad.

D Schneller G
to- re. Kam ein En- gel an- ge- flo- gen ü- ber
ro- te kal- te Na- se, hat sich
A7 D
Ber- ge, ü- ber Tä- ler. Kam ein En- gel an- ge-
wohl zu uns ver- flo- gen in dem kal- ten, kal- ten
G A7 1.D
flo- gen, la- rio- li und la- rio la. Hat ne
Win- ter, la- rio- li und la- rio
2.D D A7
la Gebt dem En- gel zwei war- me Pan-
D A7 D
tof- feln und 'n Tel- ler mit Brat- kar- tof- feln und da-
D A7 D A7 D
zu ein Spie- gel- ei Schin- ken- speck da- bei Soll zu-
D A7 D A7
sam- men mit uns sin- gen, daß die Tö- ne hell er-

2. Hat 'ne rote kalte Nase,
hat sich wohl zu uns verflogen
in dem kalten, kalten Winter,
larioli und lariola.

3. Gebt dem Engel zwei warme Pantoffeln
und 'n Teller mit Bratkartoffeln
und dazu ein Spiegelei,
Schinkenspeck dabei.
Soll zusammen mit uns singen,
daß die Töne hell erklingen,
soll zusammen mit uns singen,
larioli und lariola.

4. Und am allernächsten Morgen
wollte unser Engel weiter,
wollte endlich weiterfliegen,
larioli und lariola.

5. Und er sagt: Der liebe Gott, der
kriegt im Himmel kalte Füße
und will auf die Erde kommen,
larioli und lariola.

6. Will es allen Menschen sagen,
daß sie warm im Herzen werden
in dem kalten, kalten Winter,
larioli und lariola.

7. Wollt' es allen Menschen sagen,
flog mit seiner roten Nase
über Berge, über Täler,
larioli und lariola.

Dieses Lied wurde nach der Vorlage eines italienischen Weihnachtsliedes geschrieben. „ E arrivato il ambasciatore" heißt „Der Botschafter", der „Engel der Verkündigung" ist angekommen. In italienischen Weihnachtsliedern geht es oft lustig und keineswegs sentimental zu. Und das kommt auch in unserem Lied zum Ausdruck.

Advent, Advent

Text: F. Vahle/trad.

C G7 C C
Ad- vent, Advent, ein
F C G C
Lämm-lein rennt. Erst eins, dann zwei, dann
G7 C G7
drei, dann vier... Dann läuft die gan- ze
C G C
Her- de, dann wak- kelt die- se Er- de. Der
G C G
Schä- fer und sein Schä- fer- hund, die ste- hen da mit
C C F F C
off- nem Mund. Der Schä- fer staunt, der Hund, der bellt zur
C G7 C
Weih- nacht un- ter'm Ster- nen- zelt. Der
Fine

Wo wohnt wohl der Weihnachtsmann?

2. Wo und wie und was und wann,
wo wohnt wohl der Weihnachtsmann?
Wohnt er tief im Tannenwald,
wo der Mond verschwindet
und er lacht in seinen Bart,
weil ihn niemand findet?

3. Wo und wie und was und wann,
wo wohnt wohl der Weihnachtsmann?
Oder aber wohnt er wohl
ganz im hohen Norden
und ist bei den Eskimos
. . . Großpapa geworden?

4. Wo und wie und was und wann,
wo wohnt wohl der Weihnachtsmann?
Wohnt er in der Felsenschlucht
dicht beim Bergesgipfel
und man sieht von ihm nicht mal
. . . den Kapuzenzipfel?

5. Wo und wie und was und wann,
wo wohnt wohl der Weihnachtsmann?
Oder aber liegt er den
ganzen Sommer lang
irgendwo in Spanienm
. . . braungebrannt am Strand?

6. Wo und wie und was und wann,
wo wohnt wohl der Weihnachtsmann?
Ganz egal, er wohnt weit weg.
Und wie wunderbar,
daß er's dies Jahr wieder schafft
und ist einfach da.
Wo und wie und was und wann,
da kommt schon der Weihnachtsmann!

Manchmal habe ich die Kinder gefragt, wo denn eigentlich der Weihnachtsmann wohnt. Ein fünfjähriger Junge erzählte mir, er habe vor dem Kaufhaus Horten den Weihnachtsmann getroffen. Der wollte zwar zurück nach Norden, aber ein Päckchen nach Großen-Buseck wollte er nicht mitnehmen. Andere Kinder konnten sich vorstellen, wo der Weihnachtsmann wohnt, und aus ihrer Antwort ist dieses Lied entstanden.

Der Rabe

2. Die Welt ist weiß, nur ich bin's nicht!
Der Rabe schreit's in's Abendlicht.
Die Welt ist weiß, doch was bin ich?
Kohlrabenschwarz auf ewiglich.

3. Dann zog er seine Schlittschuh an.
Stand auf und rechte sich und dann . . .
Dann lief er heim ganz ohne Schnaufen,
grad so wie Raben Schlittschuh laufen.

Lied vom Weihnachtsmann

2. Im Sommer fragen sie mich dumm:
Was streunt der Penner im Wald herum?
Jedoch im Winter sind sie hart,
da brauchen sie einen Mann mit Bart.
Ja, ja . . . nee, nee,
in Eis und Schnee.

3. Und das Gewühle in der Stadt . . .
Ich weiß nicht, wer's erfunden hat.
Ich mußte Reklame vor Karstadt stehn
und konnte nicht nach Hause gehn.
Ja, ja . . . nee, nee,
in Eis und Schnee.

4. Doch wenn ihr Lust habt, dann kommt bald
in meinen Weihnachtswinterwald.
Bringt eine Knoblauchpizza mit,
denn darauf hab ich Appetit.
Ja, ja . . . nee, nee,
in Eis und Schnee.

5. Wir machen dann im Glitzerschnee
'ne Schlitterbahn quer übern See.
Und wenn ihr heimkommt, sagt ihr dann:
Ein' schönen Gruß vom Weihnachtsmann.
Ja, ja . . . nee, nee,in Eis und Schnee.

Das Rentier

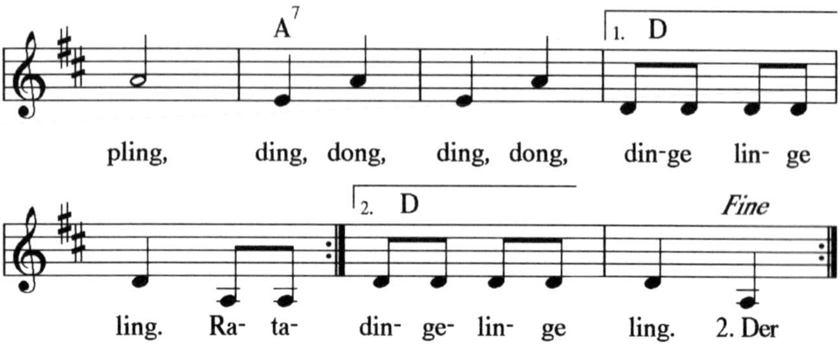

2. Der Weihnachtsmann springt aus dem Bett,
weil er um ein Haar verschlafen hätt'.
Er läuft in die Küche und nimmt einen Schluck
von dem wunderbar duftenden Muckefuck.

Rataplam, rataplam . . .

3. Er ruft seine Rentiere. Schnell muß er weg.
Nur eins, das rührte sich gar nicht vom Fleck.
Er brummte: Nun mach schon.
Die Kinder die warten,
die kriegen doch Spielzeug von allen Arten.

Rataplam, rataplam . . .

4. Da guckte das Rentier grad so in die Welt,
als ob ihm darin überhaupt nichts gefällt.
Der Weihnachtsmann schimpfte:
Verstehst du mich nicht?
Da sprach es ganz leise: Und was kriege ich? . . .

Rataplam, rataplam . . .

Das Rackedickeducke-Lied

D
macht. Und rings- um war al- les so
G D G D
still und so stumm, da hat er sich was in den
A7 D
Bart ge- brummt: Summen 8va ad lib.
G D G D A7
D F#7 Hm
Das hör- te der Bär, tief
F#7 Hm F#7 Hm
un- ten im Tann. Er schüt- telt den Pelz und
F#7 Hm D
trot- tet he- ran. Und dann kam ein al- ter
G D G D
Wald- ar- bei- ter, der wärmt sei- nen Hin- tern und

2. Das hörte der Bär, tief unten im Tann.
Er schüttelt den Pelz und trottet heran.
Und dann kam ein alter Waldarbeiter,
der wärmt seinen Hintern und wollte schon weiter.
Racke dicke ducke dicke, dacke dicke das:
Im Winterwald, da tut sich was.

3. Und da sprach der Dachs: Was'n das für'n Krach?
Da wird man ja mitten im Winter wach.
Er schlurfte auf allen vieren heran
und hockt sich ans Feuer und schon fing er an:
Racke dicke ducke dicke ...

4. Kam einer, dem fror an der Nase der Rotz.
Wer war's? Der Räuber Hotzenplotz.
Dem war die Pistole zugefrorn
und der arme Kerl hatte stocksteife Ohrn.
Racke dicke ducke dicke ...

5. Und am Feuer war's warm, aber sonst war's kalt
und das Racke dicke ducke klang durch den Wald.
Das hörte der Hase und hoppelt heran,
und zwar so schnell wie er hoppeln kann.
Racke dicke ducke dicke ...

6. Und das hörte im Forsthaus die Kuckucksuhr,
und der Förster dachte: Was hat die denn nur?
Die Uhr die schlug ganz schnell aus dem Takt,
so hat sie das Racke dicke ducke gepackt.
Racke dicke ducke dicke ...

Lied von der Christnacht

2. Da hat der Josef nach etwas gemurrt,
doch dann den Stall repariert
und hat zu Ochs und Esel gesagt:
Daß Frau und Kind nix passiert!
Der Winter war kalt, das Heu war warm,
und über dem Stall stand ein Stern,
der Nachbar brachte ein Fladenbrot
und sagte, er brächte es gern.

3. Maria hat in Schmerzen geborn,
doch das Kind war sanft und zart,
und Josef hat's väterlich angeschaut,
daß ihm ganz sonderbar ward.
Draußen schwieg ganz plötzlich der Wind,
und der Stern, der leuchtet noch mehr.
Da kamen zuerst die Hirten
und dann die drei Könige daher.

4. Die Hirten standen und staunten
und sagten: Auf jeden Fall,
ein so schönes Kind gab's hier noch nie
und erst recht nicht in einem Stall.
Die drei Könige brachten Geschenke
und knieten vor dem Kind.
Und das Kind hat auch schon mal geweint,
weil da so viele fremde Menschen sind.

5. Als die gingen gähnte der Josef,
und Maria hat das Kind gewiegt,
und das Kind hat sich ganz selig
an die Mutterbrust geschmiegt.
Dann hat der Josef das Licht ausgemacht,
und sie legten sich hin zum Ruhn.
Und sagten: Mehr konnten wir in dieser Zeit
für das Neugeborene nicht tun.

Es gibt eine alte Tradition von Weihnachtsliedern, in denen die Weihnachtsgeschichte vermenschlicht wird. In vielen Volksliedern in Italien und Spanien, aber auch in alten Weihnachtsliedern bei uns, ist diese Tradition noch lebendig. Dabei wurden auch Maria und die Geburt Jesu sehr menschlich dargestellt – so wie in der urchristlichen Tradition auch. Schließlich ist Weihnachten das Fest der Menschwerdung Gottes. Später wurden Maria die menschlich-mütterlich-fraulichen Eigenschaften von der Kirche genommen. Sie und Jesu Geburt wurden als übermenschlich verklärt. Ob das – auch aus christlicher Sicht – so sein muß, ist fraglich.

Der erste Kinderliederdichter, Weihnachtslieder und der Diminutiv

Luther wollte mit seinen neuen, volkssprachlichen Kirchenliedern die alten lateinischen Hymnen im Gottesdienst ablösen. In Anlehnung an seine Auffassung über die christliche Kindererziehung schreibt er auch (erstmals in der Literaturgeschichte) zwei Lieder, die sich explizit an *Kinder* richten. Diese und andere Lieder sollten von Schülern in der Kirche im Chor gesungen werden, zum einen, um die Gemeinde mit dem Kirchenlied vertraut zu machen, zum anderen, um die Sänger selbst zum christlichen Leben zu erziehen.
Es handelt sich hier um die Lieder „Erhalt uns Herr bei deinem Wort“ und „Vom Himmel hoch da komm ich her“. Luther kennzeichnet diese Lieder als „Kinderlieder“ und er hat sie zum Weihnachtsfest geschrieben,

> „in dessen Feyer sich überhaupt bey den Alten der Charakter einer kindlich-frommen Freude ausdruckte“ (H. J. Rambach, 1813/1972, S. 90).

Deutlicher äußert sich jedoch der Bezug zu den Kindern in einem später in Texten für Kinder sehr häufig angewandten Mittel, dem Diminutiv. Meines Wissens hat Luther dieses (wahrscheinlich schon zu seiner Zeit von Ammen gebrauchte Mittel) zum ersten Mal in einem schriftlich tradierten Text für Kinder verwandt. Es ist allerdings hier kein durchgehend angewandtes Stilmittel. Was in der Welt der Gegenstände schon üblich ist, nämlich Arbeitsgeräte, Tiere, Gebäude, Fahrzeuge usw. für Kinder in Miniaturen nachzubilden, so daß das Kind mit diesen Gegenständen leicht umgehen kann), das wird jetzt auch im Bereich der Sprache realisiert, durch die die Welt der Erwachsenen für das Kind zugänglich wird. (Der Diminutiv ist jedoch nur ein äußerlich-morphematisches Mittel. Es gibt auch andere Mittel der Verkleinerung.) Der Diminutiv wird von nun an in literarischen Texten bis in das 20. Jahrhundert hinein ein gängiges Stilmittel und sprachliches Anzeichen für „Kindertümlichkeit“ sein. Es wird zum Herzlichkeitssignal, zum sprachlich-formalen Ausdruck liebevoller Zuwendung zum Kind.

Das Abendwolkenschaf – Schlaf- und Schlummerlieder

Das Abendwolkenschaf

Originaltonart: D

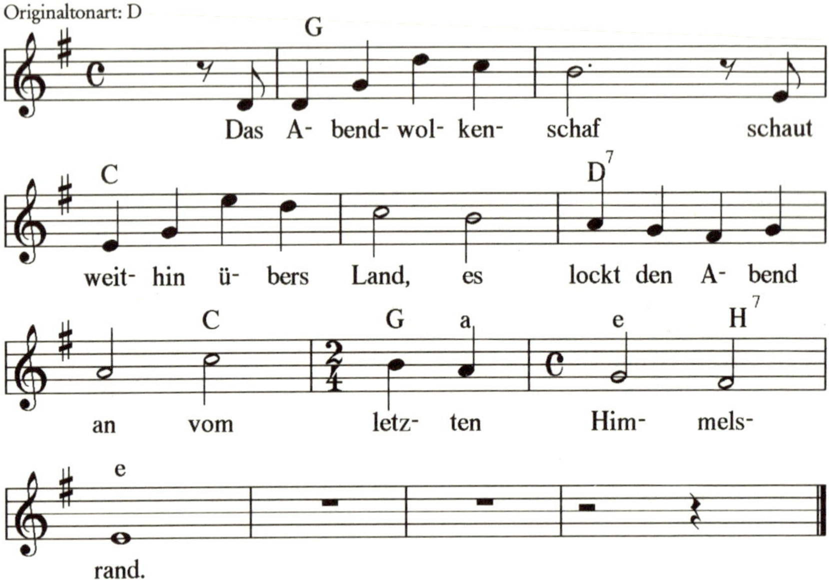

2. Das Abendwolkenschaf
steht oben auf dem Deich.
Wenn es nach Hause geht,
dann dunkelt es sogleich.

3. Das Abendwolkenschaf,
weiß niemand, wo es wohnt,
doch wenn es geht, erscheint
der gute, stille Mond.

Anmerkung zum Wiegenlied

Es gibt eine Liedgattung, die in allen Völkern und Kulturen anzutreffen ist und zwar auch da, wo man den Begriff „Kinderlied“ garnicht kennt. Ich meine das Wiegenlied. Es kann in seinem natürlichen Zusammenhang von Bewegung, Rhythmus, sprachlicher und musikalischer Gestaltung in Hinsicht auf Kindbezogenheit, Alter und Verbreitung als Ursprungsform des Kinderliedes angesehen werden. In den verschiedenen Formen der sprachlichen Gestaltung von Wiegenliedern realisiert sich nämlich so etwas wie die Entstehung des „Kinderliedes“ im kleinen. Hier vollzieht sich der Übergang von einer Sprache, die lediglich in Rhythmus und Melodie auf das Kind eingestimmt ist, ansonsten aber die Gedanken von Erwachsenen ausdrückt, zur Ansprache des Kindes, seiner Bedürfnisse und Vorstellungen. Das Wiegenlied ist häufig als ursprünglichste, reinste und natürlichste aller Liedformen gelobt worden.

Schlaflied im Winter

2. Schlaf, mein Kind, schlaf leis,
die Welt ist kalt wie Eis.
Es steht ein Baum im weiten Feld,
der träumt von einer andern Welt,
der träumt von hellem Sonnenschein
und träumt, es wird bald Frühling sein.
Schlaf, mein Kind, schlaf leis . . .

3. Schlaf, mein Kind, schlaf sacht,
durch diese lange Nacht,
die dunkel ist, doch in der Fern',
da leuchtet schon der Morgenstern.
Die Welt wird bald so hell und schön
und du bist da, sie anzusehn.
Schlaf, mein Kind, schlaf sacht,
schlaf bis der Tag erwacht.

Schlaflied für Anne

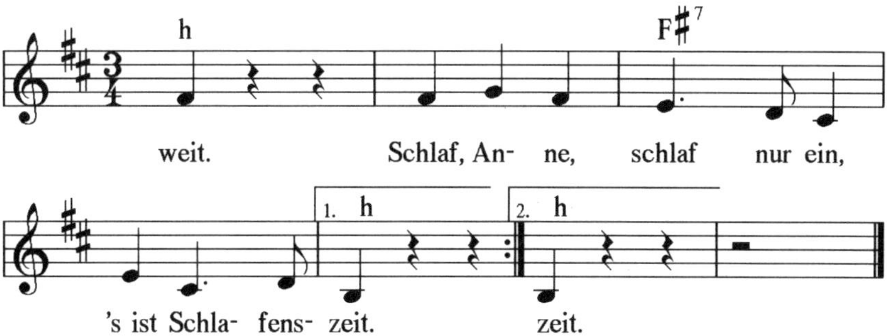

2. Schlaf, Anne, schlaf nur ein,
bald kommt der Mond,
der draußen hinter den Birnbäumen
wohnt,
einer davon kitzelt ihn sanft am Kinn.
Lächelt der Mond
und zieht leise dahin.

3. Schlaf, Anne, schlaf nur ein,
bald kommt ein Traum.
Schlupft dir zum Ohr hinein,
merkst ihn erst kaum,
fährst auf dem Traumschiff
ans Ende der Nacht
bis dir der Morgen die Augen aufmacht.

Wiegenlieder sind die ältesten Kinderlieder überhaupt. Es gibt sie bei allen Völkern. Auch wenn andere Arten von Kinderliedern sonst unbekannt sind. Die Melodie von diesem Wiegenlied kommt aus Griechenland und sie steht in Moll, was bei unseren Kinderliedern selten ist. Vielleicht können wir da von den Kinderliedern anderer Völker etwas lernen. Die sind manchmal auch traurig und können trotzdem trösten.
Und warum müssen Kinderlieder eigentlich immer unbedingt lustig sein? Viele Gefühle und Probleme, die Kinder (und Erwachsene) haben, werden ja damit einfach beiseite geschoben und kommen in solchen immerfröhlichen Liedern gar nicht vor.

No No Nononette

Text: trad. / Musik: trad.

Dieses kleine Schlaflied aus der Schweiz kann auch einstimmig gesungen werden (Gitarrenbegleitung am besten E und H).
Mit den Orff'schen Stabspielen und Blockflöten gespielt eignet es sich auch ohne Gesang als kleines Instrumentalstück, zu dem die einzelnen Stimmen nach und nach aus dem Gedächtnis gespielt werden können.

Quelle: Siehe Aram sam sam.

Altes Schlaflied

Deutsches Volkslied

2. Schlaf, Nora, schlaf,
der Mond guckt wie ein Schaf.
Er guckt so wie der Fritze
und braucht ne Pudelmütze.
Schlaf, Nora, schlaf.
Schlaf, Nora, schlaf.

3. Schlaf, Nora, schlaf,
als dich der Mond mal traf,
hast du ihn einfach angelacht,
das hat den Mond so froh gemacht.
Schlaf, Nora, schlaf.
Schlaf, Nora, schlaf.

Abendlied

Text: W. Borchert

2. Warum, ach sag', warum
wird unsre Stadt so still?
Schlaf' ein, mein Kind und träume sacht,
das kommt wohl von der dunklen Nacht,
weil sie dann schlafen will.

3. Warum, ach sag', warum
brennt die Lampe so?
Schlaf' ein, mein Kind, und träume sacht,
das kommt wohl von der dunklen Nacht,
da brennt sie lichterloh!

4. Warum, ach sag', warum
geh'n manche Hand in Hand?
Schlaf' ein, mein Kind, und träume sacht,
das kommt wohl von der dunklen Nacht,
da geht man Hand in Hand.

5. Warum, ach sag', warum
ist unser Herz so klein?
Schlaf' ein, mein Kind, und träume sacht,
das kommt wohl von der dunklen Nacht,
da sind wir ganz allein.

Wiegenlied für meinen Jungen

Text: R. Dehmel

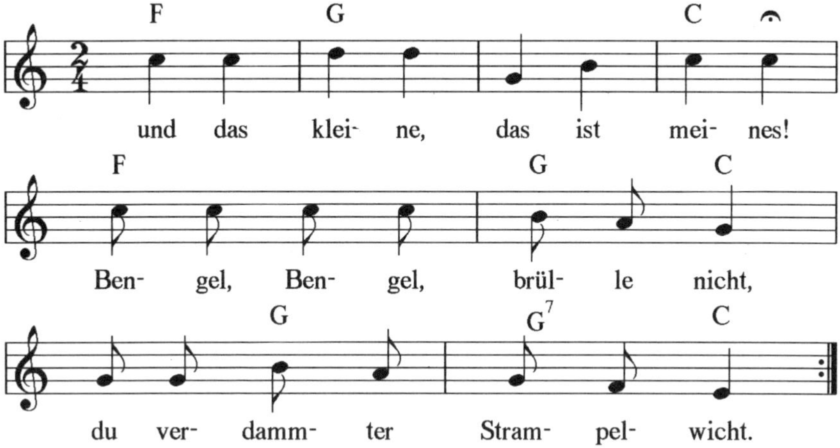

2. Still, mein süßes Engelsfüllen:
morgen regnet's Zuckerpillen,
übermorgen blanke Dreier,
nächste Woche goldne Eier,
und der liebe Gott, der lacht,
daß der ganze Himmel kracht.

3. Und du kommst und nimmst die Spenden,
säst sie aus mit Sonntagshänden,
und die Erde blüht von Farben,
und die Menschen tun's in Garben –
Herr, den Bengel kümmert nischt,
was man auch für Lügen drischt!

4. Warte nur, du Satansrachen:
heute Nacht, du kleiner Drachen,
durch den roten Höllenbogen
kommt ein Schmetterling geflogen,
huscht dir auf die Nase, huh,
deckt dir beide Augen zu –

5. deckt die Flügel sacht zusammen,
daß du träumst von stillen Flammen,
von zwei Flammen, die sich fanden,
Hölle Himmel still verbanden – –
So, nu schläft er; es gelang;
Himmel Hölle, Gott sei Dank!

Quellenverzeichnis

Für folgende Lieder liegen die Musik-Rechte bei: Aktive Musik Verlagsgesellschaft mbH, Bertastr. 9, 44388 Dortmund

Für folgende Lieder liegen die Text-Rechte bei: Gertraud Middelhauve Verlag, Wiener Platz 2, 51065 Köln

Kindergarten

Die erfolgreichsten Bücher aus dem Kindergarten-Fachbuchprogramm von Beltz. Eine einmalige Sonderausgabe: anspruchsvolle Ausstattung, preisgünstiges Angebot, bewährte Bücher für Kindergarten, Schule und Familie.

Petra Brandt / Peter Thiesen
Umwelt spielend entdecken
Ein Spiel- und Ideenbuch für Kindergarten, Schule und Familie.
VIII, 198 Seiten. Gebunden.
DM 22,– / öS 172,– / sFr 23,20
ISBN 3-407-21000-0

Rose Götte
Sprache und Spiel im Kindergarten
Sprach- und Spielförderung im Kindergarten.
247 Seiten. Gebunden.
DM 24,– / öS 187,– / sFr 25,30
ISBN 3-407-21001-9

Evelyn B. Hardey
Kinder turnen mit Vergnügen
Ein Spiel- und Ideenbuch für Kindergarten, Schule und Familie.
X, 96 Seiten. Gebunden.
DM 22,– / öS 172,– / sFr 23,20
ISBN 3-407-21002-7

Christiane Krempien
50 Bildnerische Techniken
Ein Aktionsbuch für Kindergarten, Schule und Familie.
Herausgegeben von Peter Thiesen.
188 Seiten. Gebunden.
DM 24,– / öS 187,– / sFr 25,30
ISBN 3-407-21003-5

Peter Thiesen
Drauflosspieltheater
Ein Spiel- und Ideenbuch für Kindergruppen, Schule und Familie.
155 Seiten. Gebunden.
DM 22,– / öS 172,– / sFr 23,20
ISBN 3-407-21004-3

Peter Thiesen
Klassische Kinderspiele
Neu entdeckt für Kindergarten, Schule und Familie
197 Seiten. Gebunden.
DM 22,– / öS 172,– / sFr 23,20
ISBN 3-407-21005-1

Peter Thiesen
Das Montagsbuch
Ein Spiel- und Ideenbuch für Kindergarten, Schule und Familie.
151 Seiten. Gebunden.
DM 22,– / öS 172,– / sFr 23,20
ISBN 3-407-21006-X

Fredrik Vahle
Das große Vahle-Liederbuch
Lieder und Texte, die Kindern Spaß machen.
267 Seiten. Gebunden.
DM 22,– / öS 172,– / sFr 23,20
ISBN 3-407-21007-8

Helga Zitzlsperger
Kinder spielen Märchen
Schöpferisches Ausgestalten und Nacherleben.
198 Seiten. Gebunden.
DM 24,– / öS 187,– / sFr 25,30
ISBN 3-407-21008-6